ネイティブが本当によく使う
フレーズ1000

英会話
1語でスタート ゴールは10語

阿部 一 著
Hajime Abe

テイエス企画

はじめに

■日本人は「英会話」が大の苦手

世界を見渡してみますと「英語はできて当たり前」という状況が現実化しつつあります。ビジネスでもパーソナルな出会いの場でも英語は最も強力なコミュニケーションのツールです。英語を実用的に使うことができる人は15億人を越えますが、アメリカやイギリスなどで母語として話している人は3億7,000万人にとどまり、残りの12億人近くは外国語や第二言語として必要に応じて使っているということになります（Statista 2017による）。

我が国でも英語を自由に話せるようになりたいという人は多いでしょう。ところが我々日本人は「英会話」が大の苦手です。学校でかなり真面目に勉強した人でさえ、会話だけは自信がないと言う人が少なくありません。

■まずは英会話の「元手」を手にいれる

会話がうまくなるためには、元手となる基本的な英語知識（単語や表現など）の習得が不可欠です。その元手を手に入れた上で、実際に声に出して「話す・語る」場数が必要になってきます。では、必須の英語知識をどう覚えやすく整理すればよいのでしょうか。このあたりの話になりますと、いい加減なやり方をしている人が少なくないのが実情でしょう。その結果として「一生懸命やったけど話せるようにならない」という嘆きに変わってしまっているようなのです。

■正しい「ひとり練習」が上達の決め手

本書は、このようなジレンマに何度も陥ってしまって前に進めていない人たちの重要な道案内の役割を果たすものとして準備されました。構成としては

英会話「ひとり練習」ガイド
1 語～10 語で話す必修フレーズ 1000

の 2 部からなります。

【英会話「ひとり練習」ガイド】では「元手となる基本的な英語知識」とは何で、それをどのような姿勢で学べば、会話を自由に自然な形でかつ効果的に行えるようになるかについて解説しています。

ここでは 300 万語の会話分析のデータを踏まえながら、成功の大きな鍵として、ネイティブが日常会話で本当によく使う表現を優先的に学ぶことや「発声・発音力」の重要性について詳しく解説します。

■ 短いフレーズから長いフレーズへ

【1 語～10 語で話す必修フレーズ 1000】では、300 万語の会話データベースから最重要の 1000 フレーズを厳選しました。真っ先にマスターしておきたい表現の宝庫です。フレーズは耳慣らし、口慣らしの取り組みやすさという観点から語数別に配列してあります。口に乗せやすい 1 語でスタートし、フレーズ数の大きなヤマである 3 ～ 4 語で学習に勢いをつけてください。ゴールである 10 語まで、上達を実感しながら楽しく学習を継続することができるでしょう。

本書の作成にあたっては、企画の段階からテイエス企画（株）出版部の関戸直衛さん、山田広之さんと数多くの話し合いの場を持つことで、本書の骨子やいろいろなアイディアが整理されました。また、編集の飯塚香さんにはきめ細かく原稿のチェックをしていただきましたことを感謝いたします。

阿部　一

目 次

1語〜10語で話す 必修フレーズ1000

音声ダウンロードについて

本書に掲載されている英文の音声を下記の手順にてダウンロードできますのでご活用ください。音声は以下の 3 種類のフォルダに保存されています。

フォルダ名	使用法	内容
Guide	学習準備	「ひとり練習」ガイドで使用する音声
Listening	耳慣らし	フレーズ（ポーズなし）
Repeating	口慣らし	フレーズ→ポーズ→フレーズ→ポーズ→フレーズ→ポーズ

パソコンにダウンロードする

① パソコンからインターネットでダウンロード用サイトにアクセスする
下記の URL を入力してサイトにアクセスしてください。

https://tofl.jp/books/2663/

② 音声ファイルをダウンロードする
サイトの説明に沿って音声ファイル（MP3 形式）をダウンロードしてください。

※ スマートフォンにダウンロードして再生することはできませんのでご注意ください。

音声を再生する

① 音声ファイルをパソコンの再生用ソフトに取り込む
ダウンロードした音声を iTunes などの再生用ソフトに取り込んでください。

② 音声を再生する
パソコン上で音声を再生する場合は、iTunes などの再生ソフトをお使いください。スマートフォンや携帯用の音楽プレーヤーで再生する場合は各機器をパソコンに接続し、音声ファイルを転送してください。

※ 各機器の使用方法につきましては、各メーカーの説明書をご参照ください。

英会話
「ひとり練習」ガイド

英会話「ひとり練習」が上達の決め手

時間やお金をかけても上達しないのはなぜ?

中学生、高校生、大学生、社会人のどの年齢層でも、英語学習者が最もつけたい英語力のトップに常に来ているのが「英会話力」です。では、実際にその希望に沿う形で習得できているのかといえば、残念ながらそのようにはなっていません。思い切って挑戦してみる人は多いのですが、日本で普段の日常生活や仕事をしながら「英会話力」を身につけるのは、なかなか難儀なことです。どうして時間やお金をかけてやってもなかなか自分のモノにならないのでしょうか?

理由として、日本語と英語の違いの大きさを指摘する声や、学習者や指導者のやり方がよくないからだ、そもそも習得にかける時間や努力が足りないからだ、といった声が聞こえて来そうです。

言語の違いが大きいという点に関してよく言われるのは、アメリカ国務省 FSI スケールで、外国語習得の最難度の外国語としてアラビア語やロシア語とともに日本語が入っていることです。ただ、書いたり読んだりするという面はともかく、日本語の会話力を短期間でモノにして使いこなしている日本在住の外国人も少なからずいることを考えますと、言語の違いだけで日本人が「英会話力」をモノにするのは難しいと考えるのは早計かもしれません。

やり方が間違っているのではないか?

学び方や教え方の良し悪しについて言いますと、もちろん、やり方がちゃんとしていないと、「表現力」や「発表力」を自分のモノにすることは容易にはできません。英会話というと、私たちはすぐに外国人講師との「会話練習」を思い浮かべ、それを定期的にこなせば、いずれ上達すると考える人が少なくありません。しかし、このやり方では上達のスピードは思ったほど上がりません。実際に英語を使う、会話するといった場数を踏むことは当然のことながら大事です。しかし、学校に通ったり、スカイプなどでネイティブの「会話練習」をやったりしているはずなのに、一向に上達している感じがしないという学習者はかなり多いのです。

上達には一連の連携や仕組みが必要

では、「ちゃんとした」やり方とは、いったいどのようなものなのでしょうか?実は、場数を踏めばよいといっても、ただ英会話学校などで毎回同じようなことをしゃべっているだけで上達が見られないのは当然のことです。しゃべるのと並行して、数多くの英語の表現を芋づる式に自分のモノにしていく心構えとその実践が重要です。つまり、何を話すか、そして、その会話から何を学び、どう振り返って次につなげるのか、そして何をどのように補強していくのか、といった一連の仕組みが必要なのです。目的もなく、学習上の工夫もなく、日々の取り組みに対する振り返りもなく、ただ漫然としゃべっているだけでは停滞から抜け出すことはできません。「間違いを意識して直す」のがよいのか、それとも「間違いを恐れずにどんどんとコミュニケーション活動にコミットすればよいのか」すら曖昧になってしまいます。それでは質的な向上が見られません。

英会話「ひとり練習」で何を学ぶか

日常の英会話の実態を知ろう

英語圏の日常の英会話（spoken interaction）を分析してみますと、実はそのほとんどが 1 語だったり、2 語や 3 語くらいの短い慣用的な表現の素早いやり取りが圧倒的に多いことがわかります。次のグラフは、日常会話において何語からなる表現が使われているかをその頻度でまとめたものです。

■ 日常会話文の構成語比率

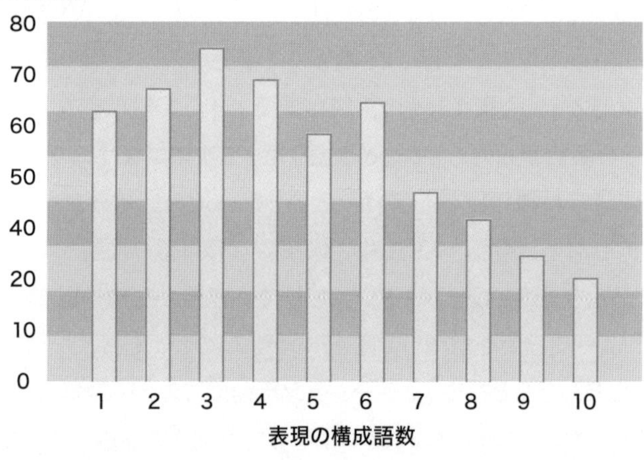

600 文からなる対話における 1 ～ 10 語（11 語以上の表現は省いた）各表現の頻度数

このグラフでも明らかなように、日常会話で最もよく使われている重要で高頻度の表現は、たとえば That's all right. のように 3 語でできているものであり、次いで What would you like? のような 4 語と Come on! のような 2 語でできているものなのです。このような短めの頻出表現を数多く仕入れておくことが英会話上達のために効果的な方法です。

たった 1 語の「言いよどみ」や「あいづち」がだいじ

対話がスムーズにできるようになるためには、Uh ... , Oh, um ... , Well など、話し始めに出る言いよどみの自然さなどが意外と重要です。日本語でも、対話の最中に言葉に詰まったときなどに「あのー」「えーっと」などという言葉を発して沈黙の時間を減らしたり、会話をつなごうとする場面がよくありますが、英語でもそのようなときに出す言葉がいろいろとありますので、いざというときに自然に出てくるようにしておくと便利です。会話データベースにおけるそれらの頻度は以下の通りです。

頻度順位	言いよどみ表現	出現頻度数
1	Oh (おお)	19,905
2	Well, (えっと)	11,123
3	You know (ほら)	9,136
4	Uh (あー)	8,604
5	Um (うーん)	3,416
6	Hmm (ふーむ/うーん)	1,163
7	Let's see (えーっと)	213
8	Umm (ええと)	10

また、会話では「なるほどね」「たしかに」「うんうん」などと、納得したり同意したりすることも多いでしょう。親しい間柄での会話なのか、ビ

ジネスのようなちょっと改まった席での会話なのかで、使われる言葉もだいぶ違ってきます。また、相手の話の途中であいづちのように使われるのならば短い一言でしょうし、相手の発言が終わって今度は自分の感想や意見がその後に続くのなら、使う表現も違ってくるかもしれません。会話データベースにおけるよく使われるあいづち表現は次の通りです。

頻度順位	あいづち表現	出現頻度数
1	Yeah. (うん)	5,748
2	Yes. (そう)	1,705
3	Of course. (もちろん[いいですよ]、そうだ)	813
4	OK. (了解/よし)	569
5	Uh-huh (うんうん/ふんふん)	458
6	I get it. (わかった/わかるよ)	171
7	I see. (なるほど/そうか)	113
8	I understand. (理解しました/わかりました)	104
9	Oh I see. (ああ、なるほどね)	22
10	That makes sense. (確かにそうだね)	16

300万語の会話データベースから1000表現を厳選

1語の言いよどみやあいづちを含め、実際の会話データベースから厳選した頻度の高い表現を理解し、きっちりと「使える表現のコマ」として自分のモノにしていくことが重要です。そうすれば、必ずスムーズで余裕のある日常の「コミュニケーション力」と「英会話力」が身につくと自信を持って言うことができます。本書では300万語の会話データベースからネイティブが日常的に高頻度で使っているフレーズを 10 ページのグラフと連動する形で 1000 選び語数別に収録しました。

■ 本書の語数別フレーズ数

語数	収録数	語数	収録数
1 語	32	6 語	91
2 語	96	7 語	54
3 語	263	8 語	50
4 語	201	9 語	26
5 語	168	10 語	19

英会話「ひとり練習」でどのように学ぶか

「短い（1 語）」から「長い（10 語）」へ

英語学習の成功のコツは、小さな成功を味わうことによって少しずつ自信と楽しさを実感することです。それを積み重ねてより大きい成功へとつなげていくことができれば、途中で挫折せずに持続することができます。本書ではフレーズを短い（1 語）のものから比較的長い（10 語）ものへと、語数順に段階的に学習する形をとっていますので、最初は短く言いやすい表現（1 語～ 3 語）から「耳慣らし」「口慣らし」を徹底的に行い、次第に語数の多い長い文に挑戦していってください。

ひと息（ワンショット）で言う

本書のほとんどの表現は、ひと息（ワンショット）で言えますし、言えるようにすべき表現でもあります。英語圏の日常会話の速度は、3 語や 4 語くらいの表現でもほぼ 1 秒ちょっとのスピードで滑らかに一気にしゃべっている点に留意してください。まずはウォームアップを兼ねて徹底的に 1 ～ 3 語くらいの短めの表現で練習し、ひと息でスムーズに言える語数を増やしていってください。

「発声」と「発音」が重要な2つの柱

会話力というのは何といっても「音声」が大きな土台であり基本です。そして、それは「発声」と「発音」の二つの重要な柱からできています。その力を養成しようとするのなら、まずは声出しや個別の発音の口作りをしっかりとやることが最大のカギとなります。練習する際のポイントを以下に8つ挙げますので参考にしてください。

POINT 1 「音なぞり」が上達の第一歩

英語を自分のモノとする第一歩は、英語の音声の「音なぞり（音真似）」すなわち声をキチンと出すこと（発声）と、日本語と違う英語の音の特徴を素直に真似て出してみること（発音）です。本書で最初に学習する短い1語のフレーズは、その練習にちょうど良いのです。大きな声で感情を込めて、必要に応じてジェスチャーも使いながら言うのがコツです。我々日本人が英語で声を出す時は、特にお腹に力を込めてノドをキチンと開くことが大事で、しっかりと吐く息（呼気）に音を乗せる気持ちで発音することです。

1語の練習

g001

（●印は最も強く発音されるところ／●印は少し強く発音されるところ）

Perfect!（完璧！）

Awesome!（イケてる！）

Absolutely.（その通り）

これらで口慣らしと発音チェックをしっかりやることができたら、2語、3語と進み自信をつけましょう。少しずつリズムやイントネーションをつけるようにし、語数が増えても一息で言えるようにするのがコツです。

2語の練習

g002

Great job!（よくやった！）

Come on!（さあ、やろう！）

＊場面や言い方によって他にも色々な意味で使われる。

3語の練習

g003

Good for you!（よくやったね！）

You made it!（間に合ったね！）

どうでしょうか？音声を聞いて、それと自分の言っているものがだいたい同じように響いているでしょうか？合格の目安は70%です。英語のできる人に聞いてもらえるとよいのですが、自分の声を録音して比較することでもチェックできるはずです。残りの30%は個別の発音の的確さ・正確さで、それは興味があれば自分で練習や矯正を重ねることで80%、90%と精度がいくらでも上がっていくものです。

POINT 2 カタカナの近似値音をうまく使う

発音するときのコツとして、また自分の発声や発音がいい感じでできているのかどうかを自分でチェックするための、もう一つの方法があります。次のカタカナは、それぞれ英語らしく発音された時に聞こえた音をそのまま書いたものです。自分で発音してみて、もとの英語を当てられるかどうかで、英語の「音慣れ（耳慣れ）」度と「口慣れ」度を確認するというわけです。

① メイズン（1語）＿＿＿＿＿＿＿＿＿＿

② テイケァ（2語）＿＿＿＿＿＿＿＿＿＿

③ カッティタゥ（3語）＿＿＿＿＿＿＿＿＿＿

④ ギーミーァプレイ（4語）＿＿＿＿＿＿＿＿＿＿

※正解は p.22 に掲載しています

POINT 3 英語の強弱リズムで口慣らし

次にやるべきことは、本書で扱っているような、英語でよく使われる表現を使って行う徹底した強弱リズム主体の口慣らしです。要領としては、次の各表現で大きな●のついたところを思い切って強く発音し、逆に他のところは力を入れずに軽く流す感じにするとうまくいきます（●のところで思い切って手拍子をしてリズムをとるのもいいでしょう）。

🔈 g004

That's about it.（そんな感じです。）

I'll tell you what.（じゃあ、こうしよう。）

大事なことは、●のところを強く長めに発音するとともに、それ以外のところは単語と単語の間を切らずに全体として弱く一語のように発音するように心がけることです。構成上、英語には強く発音される音（強勢）と弱く発音される音があり、それがうまく交互に現れているのが特徴です。強く発音される音はただ強いだけでなく、少しゆっくり長めに発音され、逆に弱い音は短かめに素早く発音されることになります。

注意したいことは、原則として意味内容に関わる重要な内容語（名詞、動詞、形容詞、副詞、疑問詞など）に強勢が現れ、それが現れないのが機能語（前置詞、冠詞、接続詞、助動詞、代名詞など）です。それぞれ●の場所が大まかな強く発音される音（強勢）と考えておくとよいでしょう。それを踏まえた上で、絶えず英文の内容語、機能語を見極めて強い音と弱い音をうまく使って、相手の人に話す感じで言う練習をしていると、次第にコツと感覚がつかめてくるでしょう。

POINT 4 小さい文字の「弱形（音）」に慣れる

強弱のリズムに習熟するには、特に at や the などの機能語の弱い発音（弱形）に慣れることが大切です。本書では、この弱い音を意識して練習するためのヒントや助けとなるように、小さいカナ文字で表記しています。内容に支障のない機能語は原則として弱く素早く発音されることになるとともに、弱くなるがために他の機能語や内容語などに結びついて独特な音の響きを醸し出します。

たとえば、気軽な日常会話などでは次のような感じで聞こえます。

前置詞	at「ァ」 of「ァ(ヴ)」 to「タ」 for「ファ」
冠詞	a, an「ゥ、ゥン」 the「ダ」
接続詞	and「(ァ)ン」
助動詞	can「クン」 will「ゥロ」
代名詞	you「ャ」 he「ィ」 her「ァ」 them「ァム」

軽く素早く自分も言えるようにしておくと、実践的な「英会話力」とともに自分が聞き取るときのリスニング力が急速に高まっていくので、頑張ってください。

POINT 5 イントネーションの変化に慣れる

イントネーションとは声の上げ下げのことで、この違いによって話し手が言いたい意味が微妙に変わることになります。基本的には文中で強勢が置かれる内容語をきっかけにしてイントネーションの変化が起こります。通常は平叙文では下げ調子で、Yes か No を問う疑問文では上げ調子、What や How などの疑問文では下げ調子が使われます。ただし、Wh- 疑問文でも、ときに表現を柔らかくするようなニュアンスのときは上げ調子が使われることもありますので、本書でいろいろな英語の音声を聞いて、その都度、言い方に慣れるようにしておくことが大事です。

POINT 6 アンカー母音で声出し(発声)に慣れる

英語の音 (音素) は日本語の音 (音素) に比べてずっとその数が多く、母音の「ア」系だけでも日本語の 5 倍の数があります。したがって、下手をすると英語の発音練習に膨大な時間が取られてしまって英会話どころではなくなる人や、発音習得の難しさで挫折する人が後を絶ちません。そこで、そのような悲劇を避けるために、個別音の発音習得や練習にかける時間を極力切り詰め、効率よく学習するための「英語音の絞り込み」が必要となります。それらの絞り込まれた重要な音が「アンカー音」と呼ばれるものです。

母音の代表アンカー音は[æ]（本書では「強い“ア”」の表記）です。これは喉をしっかりと開いてあごを動かすことで、口の両端を角ばらせるようにするのがコツです。もう一つの対極にある母音のアンカー音が[ə]（本書では「弱い“ァ”」の表記）で、これは逆にお腹が空いてもう声もでないくらい弱くて小さくかつ低い母音の代表です。特に英語圏で話されるくだけた日常会話では、弱く発音される母音はすべてこの[ə]音になると言われているくらい、その頻度には著しいものがあります。徹底的に慣れて自分のモノにしておきたい音の一つです。そして、これら二つの音の対比だけでも、先ほど練習した強弱リズムの勘どころがつかめ、英語の発声と発音については相当に自信がつくはずです。

POINT 7 アンカー子音で思い切った息出し（呼気）に慣れる

英語は子音が特に強く響く言語です。子音は楽器のようなもので、出ようとする呼気（吐く息）を、唇、舌と上あごや歯などで邪魔して摩擦させたり、溜めて吐き出すときに破裂したような音が出ます。たとえば、単語の最初（語頭）にくる[t]の音は歯茎と上あご辺りに舌の先を叩きつける感じで、思い切って呼気で弾いて出すようにするとうまくいきます。語尾にくるときは逆に、軽くそこに当ててもどちらかというと息を外に出さずに軽く流すか飲み込むようにする、という対比がコツになります。

したがって、たとえばtentという単語を上記の要領で発音すると、“テン○”のように、最初の[t]音ははっきりと発音し、語尾の“トゥ”([t])のところは実際の音は出さずに飲み込みとなります。本書では「飲み込みの音」はあえて○で表記しています。

また、子音のアンカー音には[f](声を出すときは[v])音や[l]音などもあり、[f]([v])音を出すコツは上の前歯を下唇に軽く当てて“フー”と摩擦させながら、吹く感じで、[l]音は舌の先を上の歯茎辺りに当てて離さずにそのまま“ウー”といいながら息を出して舌の両側から流します。一方、この[l]音が語尾にきたときは、無理に舌を動かすなどしないでそのまま喉の奥で軽く“ウ”のように言うと音の感じが出ます(本書ではこの“ウ”は小さい“ゥ”で表記しています)。したがって、little なら“リトゥ”や“リロゥ”のようになるわけです([t]音は母音に挿まれると、このように“ロ”や“ドゥ”などのように聞こえます)。

POINT 8 [s]音の響きや子音の連続にも注意

なお、英語らしい子音の代表は[s]の音です。この音を語頭で発音するときには日本語の“ス(＝su)”から u という母音をとって[s]だけの清らかな音を出しますが、そのコツは発音する前からあらかじめ[s]という呼気をしばらく連続して強く摩擦するように出すことです。英語の see, seat, sit など、特に語頭に出てくる[s]音については、慣れるまでは“スィー”や“スィー○”のように意識して発音して、日本語の“シー”や“シート”とならないように注意してください。

また、この[s]音つながりでいうと、英語には stand や stop、ときには strike のように子音が連続して起こることが多いです。日本語ではどうしても“ストライク(＝su・to・ra・i・ku)”のように子音の次には必ず母音を入れてしまいますので、英語ではこの子音の連続で母音が入らないように、st- や str- などを子音だけで素早く一気に発音できるようにしておく必要があります。なお、この子音の連続は［s］だけでなく［b］（例：bring, black）や［t］（例：tree, trip）あるいは［g］（例：group, grow）などにも広く見られるのでぜひ早めに慣れておきましょう。

＊　＊　＊　＊　＊

以上のような点に絶えず注意しつつ、フレーズ学習の際には英文を目で読むだけでなく、必ず付属の音声を聞き込み、発音しながら練習するクセをつけてください。全フレーズに「発音の解説」と「表現の解説」を付けましたので、ぜひ積極的に利用してください。

p. 17 の答え
① Amazing.（素晴らしい。）② Take care.（気をつけて。）
③ Cut it out.（やめて）④ Give me a break.（勘弁してよ。）

フレーズの学習を実践につなげる「ひとり練習」

相手がいなくても「なりきり練習」で英語を生活に組み込む

日常会話に上達するための鍵は何といっても、実際に人との対話や発表などを英語で数多く行うことです。そういった機会に恵まれない場合は、一人で行う「なりきり練習」をすることでも意外と効果があげられるものです。

「口慣らし」をしながら英語表現のコマを増やしていくことと並行して、その習慣をうまく自分の生活に組み込めるような「なりきり練習」につなげていくわけです。いわばメンタル・トレーニング的に、電車の中で、あるいは散歩やショッピング中に、周りの風景や品物などを英語で描写したり、説明したりといったことを習慣化するわけです。そして、それを突破口にして、実践つまり会話や英語での発表につながる流れをつくっていきましょう。

「なりきってやる」といっても、慣れないうちはなかなかスムーズに話の流れが作れないかもしれません。何をどうつないで行けばいいのか、英語で何と言えばいいのかわからない、などなどいろいろと壁にぶつかるはずです。ただ、幸いなことに今は便利なメデイアやデバイスの時代です。スマホなどで調べたりチェックしたりしながら、完璧な英語でなくても、とにかく少しずつでも実践への流れを作ってみるという意識と粘りが大切です。

チャンク・ストリーミングでシミュレーションする

慣れないうちや几帳面な人は、言いたい日本語をそのまま単語と文法でキチンとした英文にしようとする傾向が強いと思います。しかし、実践上のコツから大切なことは、本書にあるような豊富な慣用表現の「耳慣れ」「口慣れ」を徹底することと、必要に応じてとっさに丸ごと自分の口から出てくるように「TPO 慣れ」することです。

「TPO 慣れ」するためには、覚えた表現を 2 つでも 3 つでも断片的にでも、モジュール的につなげていけるような工夫をしてみることがとても大切です。このあたりの慣れとコツの掴み方のうまさは、大人よりも幼稚園児や小学生などが抜群で、環境さえうまく整えてあげれば「チャンク・ストリーミング」を通じてみるみる上手くなっていきます。

「チャンク・ストリーミング」とは、筆者が名付けて実際に指導や学習の現場で使われている手法で、表現をモジュール的に会話の流れにうまく乗せて、より自然な流れを作る一種のシミュレーション・ゲームです。筆者の関係する学校関係だけではなく、企業研修の場でも実際に導入されており、個人差はあるもののかなりの成果を上げています。

そして、うまくその成果を上げようとする際に、まず優先すべきは「口慣れの滑らかさ (fluency)」です。それがある程度できるようになれば、文法的な正確さやスタイルなどの「正確さ (accuracy)」は後でいくらでも身に付けられます。「口慣れの滑らかさ」で英語に自信がつきますし、今度はもっと正確に言ってみたいという意欲が出てくるものです。

実際にやってみるときのコツとしては、休日などに公園などの誰もいない屋外で、「声、ジェスチャー、感情」ありの本格的な「なりきり練習」を行ってみることです。ただ、これも習慣化するまでは、かなり意識して自分に日課として課さないと、一種のイメージトレーニングだけで終わってしまい、いざというときにサッと口から出てこなくて焦ることになってしまいます。

チャンク・ストリーミングの実践

では、具体的に「チャンク・ストリーミング」をやってみましょう。たとえば、1語、2語、3語、4語あたりの口にしやすい表現にある程度慣れて来たら、以下のように「なりきり」や「妄想」でストリーミング化してみるわけです。最初は多少ぎこちない組み合わせでも、まずは話の流れを作る努力が大事です。

チャンク・ストリーミング　作品の展示会で

ある有名な作品のところへ向かっている二人になりきって。

（　）内の番号は本書のフレーズ番号です。

A　もうそろそろ着く？
B　うん、そろそろだよ。
（しばらくして「着いた！」という気持ちで）着いたよ。
（目の前の何かを指して）これだよ。
A　うわあ。
（感動して）素晴らしい！
すごいね。
B　まさにその通り。
素晴らしいよね。

A　Are we almost there? (0392)
B　Yes, we're almost there.
Here we are. (0182)
This is it. (0347)
A　Wow. (0032)
Amazing! (0002)
Incredible. (0014)

B You're absolutely right.
This is terrific, isn't it? (0348)

ご覧の通り、ほとんどが本書の１語～４語の慣用表現で問題なくモジュール化できるのです。あとは間の取り方や感情などをいかにうまくTPO に合わせて調整できるようにするのかが大きなポイントということになります。

これに少しタイミングよく次のようなキーフレーズを入れることができるようになれば、さらに流れがよくなって自然な会話の展開に近くなってきます。

A Are we almost there? (もうそろそろ着く？/ 0392)
B Oh, yes... (ああ、うん ...)
Here we are. (着いたよ。/ 0182)
See? (ほらね。/ 0024)
This is it. (これだよ。/ 0347)
What do you say? (どう思う？/ 0566)
A Wow. (うわあ。/ 0032)
Amazing! (素晴らしい！/ 0002)
This is incredible. (これはすごい。)
B You're absolutely right. (まさにその通り。)
This is terrific, isn't it? (素晴らしいよね。/ 0348)

こういった自然な会話の流れのコツを掴むには、英語圏の人々の日常生活を扱ったテレビドラマや映画のセリフなどが大いに役に立ちますので、積極的に活用するとよいでしょう。

会話の流れを作る「短い連語表現」をうまく使う

本書の慣用表現をうまく会話の流れにのせるためには、高頻度の短い連語表現をうまく組み込めるようにすることが有効です。では、どういったものがそれに適しているのでしょうか？日常会話を調べてみると、代表的な表現は以下のようになっており、それぞれに特徴が見受けられます。大事なことはそれらに慣れることで、「なりきり練習」の際に「こんなときは come on を入れよう、こんなときは talking about it のようにつなげよう」というように、とっさに出てくるように練習するわけです。

英語圏の日常会話に投げ入れたり、つなげて流れを作るのに役立つ高頻度の慣用的表現をいくつか挙げてみると、以下のようになっています。（数値は 300 万語あたりの頻度）

頻度順位	表現	出現頻度数
1	you know（ほらね）	12,730
2	I think (that)（思ってるんだけど）	11,244
3	a bit（少しだけ）	3,377
4	as well（おまけに）	2,502
5	a lot of (things, time, etc.)（多くの）	2,500
6	in fact（実のところ）	1,308

a lot of の次には多種多様な名詞が来ていますが、その中でも特に目立つものが以下です。

頻度順位	単語	出現頻度
1	things (もの、こと)	63
2	people (人々)	49
3	time (時間)	47
4	work (やること、仕事)	30
5	trouble (問題、苦労)	26
6	money (お金)	25
7	pain (痛み)	19

たとえば things の例では次のように使われています。

Boy, I've been called a lot of **things** in my life, but never that. Thank you.

(おやおや、僕はこれまで人生で色んな風に呼ばれて来たけど、さすがにそんな風に呼ばれたことはないよ。ありがとさんよ!)

Reva, there's a lot of **things** that can go wrong, you know?

(レヴァ、うまく行かないものってけっこうあるんだよね)

※ 文法の形式上は there are a lot of things ～が正しいが、日常会話ではこの there's a lot of ～形式が言いやすさもあり頻出する。

相手の質問にすぐに返事するための表現

対話で大事なことは、とにかく相手とのやりとりのテンポを壊さないようにすることです。そのためには、相手の質問や要望にすぐに何らかの返しができることが大事です。たとえば、何かを頼まれたり許可を求められたときに、「いいよ」「いいですよ」と返すとき、それがカジュアルな場面なら単に OK. や Sure. かもしれませんし、「全然オッケーだよ！」と強調するならば Absolutely. と言ってもいいでしょう。

一方、ちょっとフォーマルな場面なら Certainly. や With pleasure.（喜んで）などが使われることになるでしょう。Why not? は、このような状況で、直訳すると「なぜダメなの？」から「もちろん、いいよ」といった反語的な意味となるちょっと面白い表現です。これらの表現の日常会話でのそれぞれの出現頻度を日常会話の 300 万語で調べてみますと、以下のようになっています。

頻度順位	表現	出現頻度数
1	Okay. / OK.（了解。よし）	8,522
2	All right.（よろしい）	3,097
3	Sure.（もちろん）	906
4	Why not?（いいよ、いいよ。）	371
5	Absolutely.（その通り）	189
6	No problem.（問題ありません）	121
7	My pleasure.（喜んで）	25
8	Fine.（結構です）	23
9	Of course!（もちろん（いいですよ）、そうだ）	18
10	Certainly.（かしこまりました）	15
11	With pleasure.（喜んで）	2

これらの表現が実際に使われる状況を見ますと、以下のように実にうまく言い換えながら使われています。「大丈夫か？」「気分はいいのか？」など、この簡単な表現を言うときでも、その口調や言うときの気持ちな

どを言葉に込めて言うことが大切です。

あるパーティーの後での帰り道、道路端でうずくまっているB（＝Luce）を目に留めたAが心配して話しかける光景

A (知らない男性と思って心配して話しかける) Excuse me, sir...

B ...

A (あれっ、さっきパーティーに出ていた知り合いだ。今度は具体的な名前で呼ぶ) Luce? (大丈夫かを確認する) Luce, are you okay?

B ...

A (より具体的に気分は大丈夫かを聞く?) Are you feeling all right?

B Yeah, thanks...

A あの、失礼ですが ...

B (何も言わない)

A あれっ、ルースかい? 大丈夫かい、ルース?

B (何も言わない)

A もう気分よくなったかい?

B うん、ありがと ...

本書の発音の表記と注意点

各フレーズの「発音」の解説では、発音を英語の音声に近い日本語のカタカナ（一部ひらがな）を使って表しています。なお、カタカナ表記はあくまで英語の生の音声に慣れていない読者のための発音のヒントやコツなどを与えるための臨時措置です。ですから、カタカナ表記を含めた**音声解説と実際の音声の間には当然のことながら、微妙なズレや違いが生じることがありますので、コツが掴めるようになったら、早めに実際の「音声」での「音慣れ」と「口慣らし」を主体にするようにしてください。**

以下、特に注意が必要な音声と、使われている発音表記について説明します。学習の際に参考にしてください。

1 母音

特に気をつけるべき母音 — 4つの "ア"

1. ［æ］《表記》強い "ア"

あごを張って口が横に長方形になるイメージで、左右にひっぱって思い切って出す "エ" と "ア" の中間のような音。長方形の口の強い伸ばし気味の "ア"。

例：apple, bad, cat, man

2. ［ə］《表記》弱い "ァ"

口をほとんど開けずに、弱く曖昧に "ア" と言う。口を閉じて弱く小さい "ァ"。

例：above, ability, sofa

3. ［ɑ］《表記》あくびの "ア"

あくびをする時のように、あごを下げ、口を大きく開けて "ア" と言う（イギリス英語では［ɔ］で日本語のほぼ "オ" のように聞こえる）。あくびの "ア"。

例：hot, clock, honest

4. ［ʌ］《表記》短い "ア"

日本語の "ア" に近い音で「アッ」と驚いたときに出る短い "ア"。驚きの "ア"。

例：up, cut, bus

2 子音

特に気をつけたい子音 — 飲み込みの音

《表記》"○"

日常の自然な流れの英語では、good の最後の[d]の音や it の最後の[t]の音は、"グッド"、"イット"ではなく、それぞれ"グッ"、"イッ"のように聞こえる。その単語だけ単独で発音すれば、good は"グッ"と息を止めた状態から軽く息で"ドゥ"と破裂させるような[d]が、また it も"イッ"と息を止めた状態から"トゥ"と軽く破裂させるような[t]の音があるのだが、これが前後に単語が続いて自然な形で話されると、"ドゥ"や"トゥ"などを破裂して出さずに、そのまま呼気を飲み込んで、ほぼ無音となる。このような音を「飲み込みの音」として"○"の記号で表している。この飲み込みの音だけでも慣れてそれなりに自分でもできるようになると、発音が良くなるだけでなくリスニング力もグーンと伸びることがわかっている。この飲み込みは[t]と[d]だけでなく、ときとして[p][b][k][g]など他の破裂音にも見られる。

気をつけるべき子音 — f, v, th, r, l, ng, n

f – [f] **《表記》"フ" ときに "フ (f)"**
上の前歯を下唇に当てて(軽く噛む感じに)"フ"とこすれた息を出す。
例:**f**ine, **f**irst, **f**ish

v – [v] **《表記》"ヴ" ときに "ヴ (v)"**
上の前歯を下唇に当てて(軽く噛む感じに)"ヴ"とこすれた音を出す。
例:**v**ideo, **v**isit, **v**acation

th – [θ] **《表記》"ス"、"ティ" ときに "ス (ティ) (th)"**
舌の先を上の前歯に軽く当てて、"ス"や"ティ"とこすれた息を出す。
例:**th**ink, any**th**ing

th – [ð] **《表記》"ズ"、"ディ" ときに "ズ (ディ) (th)"**
舌の先を上の前歯に軽く当てて"ズ"や"ディ"とこすれた音を出す。
例:**th**ey, **th**at

r – [r]《表記》"ら"、"り"、"る"、" れ"、"ろ"

ときに "ら (り、る、れ、ろ) (r)"

日本語の "ウ" の口構えをしながら、唇は丸めてすぼめたまま舌は口内のどこにも触れずに、ら行の音を出す。

例：right, ring, red　　表記例：right "(ゥ) らイッ○"

l – [l]

① 語頭にくる [l] 音＝明るい L

《表記》"ラ"、"リ"、"ル"、"レ"、"ロ" ときに "ラ (リ、ル、レ、ロ) (l)"

舌の先を上の前歯のすぐ裏の歯茎にしっかりとつけたまま、ラ行の音を出す。

例：light, live, long

(※[l] の音はカタカナで "ラリルレロ"、[r] の音はひらがなで "らりるれろ" で表している)

② 語中と語尾にくる [l] 音＝暗い L

《表記》"ゥ"、"オ" ときに "ゥ (l)"、"オ (l)"

単語の途中や最後に出てくる l で、ちょうど日本語の "ウ" や "オ" のような音になる。曖昧な感じの音。

例：milk, wall, feel

(※なお、これらに当たる表記も便宜上、必要に応じて使われている。たとえば、able は速い英語では "エイブゥ" や "エイブォ" 以外に "エイボ" なども実際の音に近いことが多い)

ng – [ŋ]《表記》"ング"

思い切って鼻を通して "ン (グ)" と音が抜けるように発音する。この "グ" はほとんど聞こえない。そのため、表記上は小さい文字となっている。

例：sing, hang, anything

n – [n]《表記》"ンヌ"

鼻音なので、息を口ではなく鼻の方に流すことで "ンヌ" のように出し切る。

例：pen, fun, pencil

注意したい音の変化

little, water などのように母音に挟まれた［t］音は、イギリス音では明確に“リトゥ”や“ウォータ”のように発音される一方、アメリカ音では“レロゥ”や“ワラァ”のように変化することが多い。厳密に言うと、little は“レロゥ”と“レドゥ”の中間のような音、water は“ワラァ”と“ワダァ”の中間のような音で、少し濁った響きである。この音の変化はけっこう見られ、他にも butter, bottle, turtle, letter など、同様の音変化を起こす単語は多い。また、この現象は単語だけでなく、but I don't think so などのような文の流れの中にも生じるので注意しておきたい現象の一つである。

《表記》“ラァ”、“リィ”、“ルゥ”、“レェ”、“ロゥ”

子音の連続

try や dry などに含まれる［tr］［dr］の連続子音は、“チャ・チュ・チョ”や“ヂャ・ヂュ・ヂョ”で発音すると［r］を意識しなくても近い音を発音することができる。例えば try は“チュアィ”、dry は“ヂュアィ”、tree は“チュィー”、dream は“ヂュィーム”のようになる。ただし、“チュ”や“ヂュ”で［r］まで一緒に発音できているので、例えば try であれば“チュらィ”のようにならないよう（余分な“ら・り・る・れ・ろ”を入れないよう）注意が必要である。

《表記》“チャ”、“チュ”、“チョ”、“ヂャ”、“ヂュ”、“ヂョ”

3 表記について

アルファベット混じりの発音表記

- 「“カマゲンヌ (n)”」(come again)、「“ジャブ (b)”」(job)、「“セゥフ (f)”」(self) のように、カタカナに続けて括弧のアルファベットを付けたアルファベット混じりの発音表記があるが、ここでの[n][b][f] がそれぞれ日本語の“ン”、“ブ”、“フ”という音とは区別される音であるゆえに、そのような意識を持ってもらうため、対比参照した表し方になっている。たとえば、この come again を例にとると、最後の音は“カマゲンヌ”と、はっきりした“ン”の音ではなく、英語特有の鼻から抜けるような音が[n] である (ちなみに、-ng の“ング”も鼻から抜ける音)。
- 日本語にはない[th] の音 ([θ][ð]) も、カタカナで発音を表す際、日本語の音とは区別しなければならないので、“サ (th)”、“ザ (th)”、“ディ (th)”のように、その音に近いカタカナ語に続けて括弧の th を付けて意識を持ってもらうため、対比参照した表し方にしている。

1語～10語で話す必修フレーズ1000

1語で話そう　〈32フレーズ〉
2語で話そう　〈96フレーズ〉
3語で話そう〈263フレーズ〉
4語で話そう〈201フレーズ〉
5語で話そう〈168フレーズ〉
6語で話そう　〈91フレーズ〉
7語で話そう　〈54フレーズ〉
8語で話そう　〈50フレーズ〉
9語で話そう　〈26フレーズ〉
10語で話そう　〈19フレーズ〉

1語で話そう

まずはとっても短いフレーズからスタート！ 声を出して徹底的に発音を真似てみよう！

学習フレーズの例：Awesome!「イケてる」/ Incredible.「すごい」/ Gotcha.「わかった！」/ Period.「以上です」/ Relax.「落ち着いて」/ See?「ほらね？」

0001 　　　　　　　　　　　　　　　　　　　　　　　　　　　　　　　🔊 0001

Absolutely.

その通り。／ 全くね。

発音 Absolutely の u を最も強く発音し、a も少し強めに発音するとよい。語尾の tely は t の音が l と同化して “アブソルーリ” の感じに。

表現 似たような一語表現に、Definitely!（もちろん）、Exactly.（確かに）もある。「絶対だめ」「絶対いや」なら、Absolutely not.

0002 　　　　　　　　　　　　　　　　　　　　　　　　　　　　　　　🔊 0002

Amazing!

素晴らしい！

発音 一つ目の a はほとんど発音せず二つ目の a を思い切って強く “メィ” と発音する。zing は “ジング” ではなく “ズィン”。

表現 動詞の amaze は「感心させる、驚嘆させる」で、amazing は「びっくりさせるほど素晴らしい」という意味。

0003 ◁)) 0003

Anytime.

いつでもどうぞ。／ どう致しまして。

発音 Anytime の a を最も強く発音し、i も少し強めに発音するとよい。ただし、あくまで一語なので一気に。

表現 anytime は副詞で「いつも、いつでも」。必ず一語で続けて書く。スペースを空けて綴る any time は「任意の時間に」という意味なので注意。

0004 ◁)) 0004

Anyway, ...

とにかく…

発音 Anyway の初めの a を “エ” とはっきりと強めに発音する。

表現 話題を変えたり、話をまとめる時に使う言葉。

0005 ◁)) 0005

Awesome!

イケてる！

発音 初めの Awe の部分を “オゥ” ではなく “オー” と喉を大きく開けてはっきり長めに発音する。

表現 awe は「畏敬（の念）」。アメリカで「ヤバイ！」「すげー！」のような感覚でよく使われる。Cool!（かっこいい）も類似表現。

0006 ◁)) 0006

Bingo!

ズバリその通り！ ／ やったぞ！

発音 初めの i を強く発音し、最後の go は “ゴ” でなく “ゴゥ” のように発音する。

表現 名詞で bingo ならビンゴゲーム（数合わせのゲーム）だが、この勝者の掛け声から間投詞として、予想が当たったりうまくいったりした時に「やった！」「大当たり！」という意味で使われる。

0007 ◁)) 0007

Blah!

ばかばかしい！ ／ くだらない！

発音 “ブラー”と“アー”をあくびをする感じで伸ばして発音する。いかにもダラダラ、グダグダな感じで言うとうまくいく。

表現 blah-blah-blah は「などなど」「何とかかんとか」と話を省略して言う時の表現になる。日本語の「ベラベラ」に似ている。

0008 ◁)) 0008

Certainly.

かしこまりました。／ 確かにその通りです。

発音 Cer は口をあまり開けずに発音する。アメリカ英語では r も混ざるので犬が唸るようなくぐもった感じにする。

表現「確かに」という副詞の意味のほか、口語で「もちろんその通り」と同意したり、頼まれた時に「いいですよ」「かしこまりました」と承諾する意味で使われる。

0009 ◁)) 0009

Exactly.

まさにその通り。

発音 a のところで口角を横に引いて強く長く発音する。

表現 相づちとして相手の言っていることを全肯定する意味で使われる。

0010 ◁)) 0010

Fabulous!

素晴らしいわ。／ 素敵ね。

発音 最初の Fa を強く長めの“ア”ではっきり発音する。

表現 wonderful や amazing と同様の意味だが、主に女性が使うことが多い。

0011 🔊 0011

Fantastic!

素晴らしい。／最高だ。

発音 真ん中の ta を一番強く長めの "ア" で発音する。

表現 fantasy（空想、ファンタジー）と同じ語源で、「（現実のものとは思えないほど）素晴らしい」という意味合いがある。

0012 🔊 0012

Gotcha!

わかった！

発音 あくびをする感じの大きな口で思い切って "ガ" にぶつけて "ガチャ"。

表現 I got you の省略形。アメリカの日常口語表現。「了解！」「わかった！」の他に「捕まえた！」、また、誰かをうまくだました時におどけた感じで「冗談！」「ひっかかったね」のような感じで使う時もある。

0013 🔊 0013

Huh?

何？；いやだね。／ふん！；～でしょ？

発音 場面に応じて、短い "ハ" の時と長めの "ハ" の時がある。

表現 単に聞き直す時とムカッとした感情を入れながら聞き直す時では、調子や長さが若干変わる。文の最後につけて、「～でしょ？」「そうじゃない？」という意味で使うことも多い。

0014 🔊 0014

Incredible.

信じられないほど素晴らしい。／すごい。

発音 真ん中の re を一番強く発音する。最後の ble は "ブル" ではなく "ボー" の感じで。

表現「信じられない」「驚くほど素晴らしい」などの意味で使われる。

0015 ◁)) 0015

Nope.

ううん。

発音 最後の p はあまり聞こえないくらい軽く飲み込みで。

表現 No. のくだけた言い方。Yes. もくだけて Yup. と言う。

0016 ◁)) 0016

Obviously!

当たり前だ。

発音 初めの o の音が高くはっきり発音される。b と v が並んでいるので発音が難しいが、ob-vi-ous のように言う。難しければ b を落としてもよい。

表現「明らかに誰が見ても明白だ」「当たり前だ」という意味合い。

0017 ◁)) 0017

Oops!

おっとっと！ ／ うわっ！

発音 "ウプス" の初めの "ウ" を強く発音。p の後は声は出さず、閉じた歯の隙間から "ス" と空気がもれる感じで。

表現 ちょっとした失敗をした時や驚いた時の表現。

0018 ◁)) 0018

Perfect!

完璧！

発音 Per の部分はあまり口を開けず曖昧な "パー"。fect は "フェクッ○" と "フィクッ○" の間くらいの発音。

表現 perfect は「完璧な、申し分のない」。

0019

🔊 0019

Period.

以上です。

発音 カタカナ語ではピリオドと言うが、英語では“ピ”と“り”の間に弱い“ァ”の音が入って“ピァりァッ○”。最後の d は飲み込み。

表現 発言や文の最後で、「もう終わり」と日本語の“。”(句点) にあたる period (.) を使うが、それをそのまま口で言う決めぜりふ。

0020

🔊 0020

Probably.

おそらく。

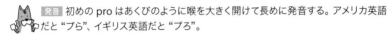

発音 初めの pro はあくびのように喉を大きく開けて長めに発音する。アメリカ英語だと“プら”、イギリス英語だと“プろ”。

表現 似た表現に Maybe.(「多分」「もしかすると」) もあるが、Probably. の方が確実性が高い。目安は 80% ～ 90% の確信度。

0021

🔊 0021

Really?

本当に?

発音 Really は最初の r と最後の l の発音に気をつけて“(ゥ) りィーリ”の感じで。“レアリィ”にならないよう注意。

表現 語尾を上げると「本当に?」と軽い驚き・疑いのニュアンスがあるが、語尾を下げると「へえ。そうなんだ」とある程度納得している感じになる。

0022

🔊 0022

Relax.

リラックスして。/ 落ち着いて。

発音 re の r の音と、la の l の音に注意する。

表現 そのまま日本語にもなっているが、「肩の力を抜いてリラックスして」という感じや、誰かが興奮していたら「落ち着けよ」という意味でも使われる。

0023 ◁)) 0023

Roger.

了解。

発音 Roger の初めの ro の発音に注意する。“(ゥ)ら” の感じ。

表現 もとは無線通信用語。日本語でもラジャー、とくだけて使われる。

0024 ◁)) 0024

See?

ほらね？

発音 See は she の “シー” ではなく “スィー”。

表現 see は「見る」の意味でおなじみだが、一語で語尾を上げていうと、「ね?」「ほらね?」「わかった?」という感じの意味になる。

0025 ◁)) 0025

Sorry?

え？ ／ 何とおっしゃったのですか？

発音 Sorry は r の音が l の音にならないように注意する (r は舌先をどこにもつけずに)。

表現 相手の話が聞き取れなかったような場面で使われる。似た表現に Pardon? がある。なお、語尾を下げると I'm sorry. の I'm が省略された形で、「ごめんなさい」「すみません」「残念です」の意味になる。

0026 ◁)) 0026

Sure.

もちろん。／ どういたしまして。

発音 Sure は口をすぼめ思い切って “シュ” と強く発音した後に、軽く弱い “ァ” をつける。

表現 何かを頼まれた時や、質問された時に「いいですとも」「もちろん」という意味で使われたり、感謝された時に「どういたしまして」という意味で使われたりする。

0027 0027

Uh-huh.

ウンウン。／ フンフン。／ そうか。

発音 “アーハ”とハの方を高く上げて発音する。

表現 話を聞きながらする相づち。同意・肯定の気持ちを表す。Uh-uh. は似ているが、こちらは “アッア” の後ろのアを低く発音して、「ううん」「いや」と不平・不同意の気持ちを表す。

0028 0028

Well ...

ええと…

発音 Well の最初の w は思い切って唇をすぼめて、最後の l は軽く流して “ウェォ”。

表現 「ええと」「うーん」と話をつなぐ時にも使うが、Well? と語尾を上げれば話を切り換えて「それで？」と聞く時の表現にもなる。

0029 0029

What?

何？

発音 上げ調子で終わるように言う。What の最初の wh は思い切って唇をすぼめ、最後の t は飲み込みで○。

表現 相手の言ったことが聞き取れなかった時や、聞き取れたけれども自分の意見とは反するようなものだった時に「何？」「なんですって？」という感じで使われる。

0030 0030

Whatever.

何でもいいよ。／ どうでもいいよ。

発音 真ん中の “エ”(e) を一番強く発音する。アメリカ英語では “ワレーヴァ”。

表現 「どれでもいいよ」だが、「どうでもいい」「勝手にして」という投げやりなニュアンスになる場合もあるので、使う時は注意が必要。その場合は I don’t care. や I don’t know. などに近いニュアンス。

0031 ◁)) 0031

Wonderful!

素晴らしい！

発音 英語では最初の w は思い切って唇を突き出し、真ん中の der は弱く、最後の ful は“フル”ではなく“フォ”なので、“ワンダフォ”。

表現 「素晴らしい！」（「素敵だ」「驚くべきだ」）と称賛する単語は多く、他にも Amazing, Excellent, Fantastic, Incredible, Perfect, Super, Terrific などがある。

0032 ◁)) 0032

Wow!

うわあ！ ／ すごい！

発音 “ファウ”の初めの“ワ”の w は唇を突き出して強くゆっくり発音すると感情が込められた感じになる。

表現 「うわあ！」と驚嘆や喜びの気持ちが表現される言葉。

Column 01

チャンク・ストリーミングに挑戦しよう❶

「英会話『ひとり練習』ガイド」24ページで解説しました「チャンク・ストリーミング」の実例をいくつか紹介しておきましょう。日常のあいさつを含めた軽い感じのスモールトークです。本書の1～10語だけでなく、載せられなかったチャンクも各対話にてんこ盛りです。

（　）の数をヒントに英語にしてみてください。

※【　】内の数字は本書収録（またはその応用）のフレーズ番号です。

A: おい、ジム、調子はどうだい？

Hey, Jim, How's it going?

B: ①悪くないよ、ありがとう。ケン、君のほうはどう？

① (　　) (　　), thanks. How about you, Ken?

A: まあまあいい感じでやってるよ。ただとにかく②いつものように忙しくてね。

I'm doing pretty well. Just trying to stay busy ② (　　) (　　).

B: ああ、③わかるよ。今週は特に大変だったよね。

Yeah, ③ (　　) (　　) (　　) (　　) (　　). It's been really a crazy week, hasn't it?

A: ④まったくだよ。じゃあ、またね、ジム。

④ (　　) (　　) (　　) (　　). Well, I'll see you later, Jim.

B: うん、ケン、⑤またね。

⑤ (　　) (　　), Ken.

① Not bad【0083】 ② as usual【0302】 ③ I know what you mean【0646】
④ Tell me about it【0537】 ⑤ Take care【0097】

2語で話そう

簡単なフレーズでさらにウォームアップ。大きな声で感情を込めて言おう！

学習フレーズの例：My pleasure.「どう致しまして」/ That's life.「それも人生さ」/ Watch out!「気をつけろ！」/ Well done!「えらい！」/ You're up.「君の番だよ」

0033 0033

Anything else?

何か他には？

発音 Anything の th の音に注意。また、else の l は "エルス" と "ル" の音にはならず、"エゥス" のように発音するとうまくいく。

表現「他に言いたいこと[質問、欲しいもの] などはないですか?」と尋ねる時の表現。

0034 0034

Be careful!

注意してよ。

発音 careful の最後は "フル" ではなく "フォ" で "ケァフォ"。

表現「慎重に」「気をつけて」と相手に注意を促すような表現。

0035 🔊0035

Calm down.

落ち着け。

発音 Calm には l の文字があるが発音はしない。"カームダォンヌ (n)"。

表現 興奮している相手に「落ち着いて」と呼びかけるような場面で使う。

0036 🔊0036

Can't complain.

文句は言えないね。／まあまあです。

発音 Can't の a は強く長めのア音。complain は lai の部分を一番強く発音する。

表現 I can't complain. の省略。直訳すると「不平不満は言えません」から、「まあまあだ」という意味になる。

0037 🔊0037

Come again?

何だって？／何て言ったの？

発音 Come again は 2 語がくっついて "カマゲンヌ (n)" のように。

表現 Come again. なら「また来てね」「またどうぞ」だが、最後の "?" があるなら、相手の話が聞き取れなくて聞き返す時に「何？」「もう一回言って」という意味で使う。

0038 🔊0038

Definitely not.

ありえないよ。

発音 definitely は de にアクセントを置いて、not は t を飲み込み。

表現 文字通り「もちろんないよ」ということ。「明らかに違うだろう」という意味合いがある。

0039 🔊0039

Drop everything!

何もかもやめてすぐに始めなさい！

発音 drop は “ドロップ” ではなく “ヂュォプ” という感じ。

表現 直訳は「(抱えているものを) 全て落とせ」。

0040 🔊0040

Excuse me.

すみません。／ 失礼します。

発音 Excuse の cu を強いリズムの山を作る感じで “キュー” と強く長めに発音する。

表現 人に話しかけたり、聞き取れなかった時に聞き返したり、ちょっとぶつかりそうになったり、といった深刻ではない場面で便利に使われる。とっさに Excuse me? と語尾を上げると「何とおっしゃいましたか?」と聞き返す時に使われる。

0041 🔊0041

Forget it.

忘れてくれ。／ そんなことはどうでもいい。／ 無駄だよ。

発音 2 語がくっついて “フォゲディッ〇”。最後の t は飲み込みで。

表現 お礼を言われたり、謝られた後なら「気にしないで」「どういたしまして」。言いかけたけれど「やっぱりいいや、今のは忘れて」というような場面、何かを頼まれたりした時に「やなこった」「とんでもない」と断るような場面で広く使われる。

0042 🔊0042

Get serious.

冗談はやめて。／ ふざけないで。

発音 Get の最後の t は飲み込みで〇。“ゲッ〇スィァリアス”。

表現 get serious で「まじめ[真剣] になる、重大になる、深刻になる」。

0043 ◁)) 0043

Go figure!

どうしてこんなことに！

発音 2語ともハッキリと発音して、figure は fi のところにアクセント。

表現 figure は「推測する」。

0044 ◁)) 0044

Good heavens!

へぇーっ！

発音 2語がつながって“グデーヴンズ”。

表現 Oh my god! の類似表現。

0045 ◁)) 0045

Good job.

良くやったね。／いい仕事をしたね。

発音 Good の d は飲み込んで“グゥーッ〇ジャーップ (b)”。

表現 誰かが良くやった時のねぎらいの言葉。Great job! も使われる。

0046 ◁)) 0046

Good luck.

幸運を！／お元気で！／うまくやれよ。

発音 Good の d は飲み込んで“グゥッ〇ラーック (k)”。

表現 幸運を祈りながら「頑張れ」と相手を励ますような場面で使われる。

0047 　　　　　　　　　　　　　　　　　　0047

Got it.

わかったよ。

発音 2語がくっついて最後のtは飲み込んで、“ガディッ〇”。

表現 getには「理解する、わかる」という意味がある。

0048 　　　　　　　　　　　　　　　　　　0048

Great idea.

いい考えだね。

発音 2語がくっついて“グれィタィディーァ”。アメリカ英語ではtをdのように濁らせて“グれィダイディーァ”。

表現 That's a great idea. の省略。

0049 　　　　　　　　　　　　　　　　　　0049

Guess what?

ちょっと聞いてよ。／ 当ててみて。

発音 どちらの単語もはっきり発音し、whatのtは飲み込みで“ワーッ〇”。

表現 You know what? も同様に使われる。

0050 　　　　　　　　　　　　　　　　　　0050

Help yourself.

ご自由にどうぞ。

発音 2語がくっついて“ヘゥピュァセゥフ(f)”。

表現「自由に自分で取ってください」という意味で使われる。パーティなどで「飲み物はご自由に飲んでください」なら、Help yourself to drinks. などの形でも使う。

0051 ◁)) 0051

Hold it!

ちょっと待って。／動くな。／待って！

発音 2語がくっついて“ホゥディッ○”。最後のtは飲み込み。

表現 hold itは「（そのままの状態で）待つ、待機する」。「そこで」と場所を指定するHold it right there! もよく使われる。

0052 ◁)) 0052

How come?

なぜ？

発音 comeのmeは“ム”とは聞こえないが、唇を閉じて鼻から声を抜く。

表現 whyとほぼ同義だが、whyに比べてその状態に至った経緯や原因を意識した言い方。

0053 ◁)) 0053

How horrible!

なんてひどいの！

発音 horribleのbleは“ブル”ではなく“ボー”なので“ホらボォ”。

表現 horribleは「恐ろしい、ひどく不快な、最悪な」。

0054 ◁)) 0054

I know.

知ってるよ。

発音 “ア”と“ノ”をはっきりと、“アィノーゥ”のように発音。

表現 「知ってる」「そうだよね」という意味と、I know!（「そうだ！」「思いついた！」）という意味でも使われる。

0055

🔊 0055

I promise.

約束するよ。

発音 promise の pro を長めに発音して、“プろーミス”の感じに。

表現「本当だよ」と断言するような場面で使われる。I promise you. も同様。

0056

🔊 0056

I see.

そうですか。／ なるほどね。

発音 see は she の “シー” ではなく “スィー”。

表現 ここでの see は「見る、会う」ではなく、「(相手の考え·意図·説明を) 理解する」の意味。

0057

🔊 0057

I swear.

本当だってば。

発音 swear は s で強く息を吐くことと w で唇をしっかりすぼめることに注意。

表現 swear は「誓う」。

0058

🔊 0058

I'm alright.

私は大丈夫です。

発音 2 語がくっついて、alright の最後の t は飲み込んで “アモーらィッ〇”。

表現 この alright は all right を簡略化した形。I'm OK. も同様。

0059 0059

I'm coming.

今（そちらに）行きますよ。

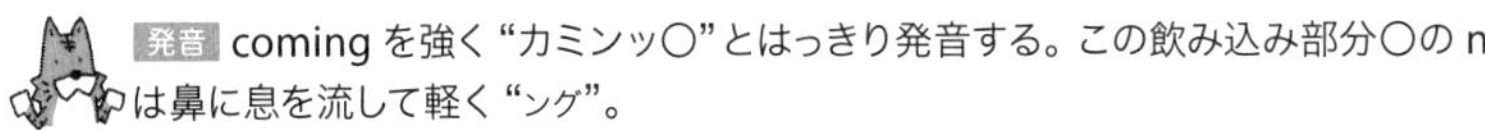

発音 coming を強く“カミンッ◯”とはっきり発音する。この飲み込み部分◯の ng は鼻に息を流して軽く“ング”。

表現 相手の立場になって近づいて来ることをイメージするので、go ではなく come を使っている。

0060 0060

I'm good.

へっちゃらさ。

発音 I'm は軽く速めに。good は、goo をはっきり発音し、最後の d は飲み込みで“グーッ◯”。

表現 調子を聞かれて、「まあまあいいよ」というニュアンスで使うほか、食べ物などを勧められた時に、「大丈夫です」「結構です」とやんわり断る場面でも使われる。

0061 0061

I'm ready.

準備はできています。

発音 ready の r の音は“（ゥ）れディ”と口をすぼめて発音する。

表現 I'm prepared. も同様。「準備万端」の意味の表現には他にも I'm all set. がある。

0062 0062

I'm sure.

確かです。／間違いありません。

発音 sure“シュァ”のアの部分はアメリカ英語なら r を響かせて、イギリス英語ならアだけで。

表現 sure の前に、pretty, really, absolutely などを入れると意味が強調される。

0063 ◁)) 0063

I'm surprised.

びっくりしたよ。

発音 surprised は ri のところを強く長めに発音して、最後は飲み込みで "サプライズ○。

表現 surprise は「驚かす」なので、驚かされた側なら be surprised になる。

0064 ◁)) 0064

It[That] depends.

その時によるわね。／ 時と場合による。

発音 It[That] の最後の t はいずれも飲み込みで○。

表現 depend は「(〜) 次第である、(〜に) 左右される」。具体的な事由をつける時は on 〜 や upon 〜 が続く。また、It's up to 〜 も同様の意味でよく使われる。

0065 ◁)) 0065

It happens.

そういうこともあるんだよ。

発音 It の t の音は飲み込まれるか、もしくは後ろの ha とくっついて "イラァープンズ"。

表現 直訳すると「それは起こります」から、It happens a lot. 同様、「そういうことはよくある」(「しかたない」) という意味合いで使われる。

0066 ◁)) 0066

It's awkward.

気まずいなぁ。

発音 くっついて "イツォークワーッ○"。awkward の aw は喉を大きく開けて "オー" だが war はあまり口を開けずに曖昧な "アー"。

表現 awkward は「不器用な、ぎこちない」から「気まずい」の意味にも広がっている。

0067 0067

It's nothing.

何でもありません。／大したことないよ。

発音 nothing は th の音と最後の ng の飲み込みの音になるところに注意。“ナティ(th)ン○”の感じで。

表現 お礼に対する返答なら「(大したことないので) 礼には及びません」という意味合い。心配してくれる人に言うなら「何でもないから心配いらないよ」という感じ。

0068 0068

Join us!

一緒にやろうよ！

発音 Join us はくっつけて“ジョイナス”。

表現「私達に加わりなよ」が直訳。誰かを誘う時の言葉。Come and join us! などもある。

0069 0069

Keep close.

〔距離を〕離れないで。

発音 Keep の p は飲み込みの音。形容詞や副詞として使われる close の語尾は濁らず“クロゥス”。

表現「私から離れずにいてね」なら、Keep close to me.

0070 0070

Keep going.

〔話を〕続けて。

発音 Keep の p は飲み込みの音で、going の ng も喉から鼻に息を抜く。

表現 直訳すると「行き続けろ」だが、実際に移動することだけでなく、「そのまま話し続けて」などいろいろな状況で使える。

0071 🔊 0071

Kind of.

まあね。／ そんな感じ。

発音 軽く一気に発音し、“カィンダヴ（v）”。気軽なアメリカ英語ではよく “カィナヴ（v）”。

表現 sort of も同様。

0072 🔊 0072

Lighten up.

元気出して。

発音 Lighten は、l の音をしっかりと上の歯ぐきの裏につけて、up とくっつけて “ライトナッ○”。

表現 lighten up は「元気づける、元気になる、楽に構える」。

0073 🔊 0073

Looking good.

いい感じだよ。

発音 Looking good はくっついて “ルッキングーッ○”。最後の d は飲み込み。

表現「今のところ良い感じだよ」なら、Looking good so far.

0074 🔊 0074

Lucky you!

ラッキーだね。／ ついてるね。／ いいなぁ。

発音 Lucky の u の音は日本語の “ア” に近い短い音。

表現「うらやましいなぁ」という意味では I envy you. もあるが、ややねたましいニュアンスとなる。Lucky for you! も同様。

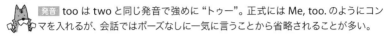

0075 ◁)) 0075

Me too.

私もですよ。

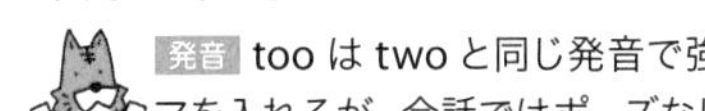

発音 too は two と同じ発音で強めに “トゥー”。正式には Me, too. のようにコンマを入れるが、会話ではポーズなしに一気に言うことから省略されることが多い。

表現 too と two が同じ発音なので、シャレで、その会話の場に 3 人いたら、Me, too. の後に、Me, three. などとふざけて言うこともある。

0076 ◁)) 0076

My pleasure.

〔何かを依頼されて〕喜んで。／ どう致しまして。

発音 pleasure は p と l の間に母音が入らないように注意。

表現 It’s my pleasure. の省略。

0077 ◁)) 0077

Never mind.

気にしないで。／ もういいよ。

発音 2 語ともはっきり発音して、mind の語尾の d は飲み込みで “ネヴァーマインッ○”。

表現 誰かが謝罪してきた時などに「心配しないで」「気にしないで」、言いかけたことをやめたり、聞き返されたりした時に「もう忘れていいよ」という意味合いで使う。

0078 ◁)) 0078

No problem.

問題ありません。／ いいよ。

発音 problem は ro を強く発音する。最後の em の音は軽いので、“プらーブルム” もしくは “プらーブム” のように響く。

表現 Thank you. の答えなら「どういたしまして」、何かを頼まれたら「いいですよ」の意味になる。

0079 ◁)) 0079

No sweat.

お安い御用だよ。

発音 No は “ノー” ではなく “ノウ”。sweat は t を飲み込んで “スウェッ○”。

表現「そのくらいのことで汗はかかない」ということ。

0080 ◁)) 0080

No way!

絶対にいやだ。／ まさか！

発音 No と way、どちらも強くはっきりしっかりと長めに発音する。

表現 No way! は「絶対に嫌！」「ダメ！」「無理！」、「うそー！」「あり得ないよ」、「そんなあ（ひどいよ）」のように、場面ごとにいろいろな意味になる。

0081 ◁)) 0081

No wonder.

道理でね。

発音 wonder の “ワ”(wo) のところは強く短めに、“ダー” と伸ばす部分は小さく弱く発音する。

表現 直訳すると「驚きはない」から、「道理でね」「なるほどね」という意味になる。

0082 ◁)) 0082

Not again!

またかよ！

発音 Not again はくっついて “ナダゲンヌ (n)”。

表現 直訳で「再度はない」から、「またなの?」「いい加減にしてよ」という感じで使われる。

0083 🔊0083

Not bad.

まずまずだね。

発音 Not の t と bad の d は飲み込まれるので、“ノッ○バーッ○”もしくは“ナッ○ベーッ○”。

表現 直訳すると「悪くない」。

0084 🔊0084

Not yet.

まだだよ。

発音 Not と yet の最後の t の音は飲み込まれ、“ナッ○イェッ○”。

表現 Are you ready?（準備はできた？）、Did you finish your homework?（宿題終わった？）などの質問に対して使われる。

0085 🔊0085

Nothing much.

特にないよ。／たいしたことないよ。

発音 Nothing の最後の ng は鼻に息を流して“ング”。

表現 物が「ほとんどないよ」という場面や、最近の調子などを聞かれて「別にたいしたことは起こってないよ」という場面で使われる。

0086 🔊0086

Now what!

さて、今度は何だい？〔少々イライラして〕

発音 Now を高くはっきり発音する。what の t は飲み込みで“ワッ○”の感じで。

表現 「今度は何なんだよー」と、全体的に呆れている感じで言う。What now? も同様だが、Now what! だと、呆れている様子が表れる。

0087 🔈0087

Of course.

もちろん。

発音 course を強く伸ばし気味に発音するところに注意。

表現 「もちろん」にあたる表現として “Sure.” もあるが “Of course.” は “Sure.” に比べて「当然、言うまでもない」というニュアンスがある。

0088 🔈0088

Pardon me.

ごめんなさい。／ 失礼ですが。

発音 Pardon の don は “ドン” ではなく、弱く軽い “ダン” という音。

表現 誰かを間違って押してしまったり、つい変な音を立ててしまったりした時に「失礼しました」と丁寧に謝るような場面で使われる。語尾を上げて Pardon me? や Pardon? と言えば、聞き返す時の「何ておっしゃいました？」という意味になる。

0089 🔈0089

Same here.

私も。／ こちらも同じ状況です。

発音 Same here はくっついて here の h の音が弱まり、“セイミィァ”。

表現 直訳の「ここも同じ」から「同じです」「同感です」という意味で使われる。レストランなどで「こちらも同じものをお願いします」という意味でも使われる。

0090 🔈0090

Search me.

さぁ、知らないね。

発音 Search の ear はあまり口を開けずに曖昧な “アー”。

表現 直訳は「私を身体検査して」。

0091 🔈0091

Sleep tight.

ぐっすりお休み。

発音 Sleep の s と l の間に母音を入れないようにする。tight の最後の t は飲み込まれて “スリィーッ○タアィッ○”。

表現 tight は形容詞で「堅い、きつい」という意味でおなじみだが、副詞で「ぐっすり」という意味がある。

0092 🔈0092

So what?

だから、何なの？

発音 what の最後の t は飲み込みで “ワッ○”。

表現「だから何？」「何が言いたいの？」と、ちょっと失礼な感じの表現なので注意する。ぶっきらぼうに言うほど、いかにも面倒くさい、迷惑な気持ちが出る。

0093 🔈0093

Sounds crazy.

ばかばかしいね。

発音 crazy は子音 c の後の r の発音に注意して、“クれィズィ”の感じに発音。

表現 crazy は「頭がおかしい[変で]、正気でない」。

0094 🔈0094

Sounds great!

いいね。

発音 great の t は飲み込んでよいが、Sounds の ds(z) はしっかり “ズ”と発音する。

表現 Sounds good. も同様によく使われる。

0095　◁)) 0095

Stop it.

やめてよ。

発音 2語がくっついて“スタピッ〇”。最後のtは飲み込み。

表現 相手が言ってることややっていることをやめさせたい時の表現。

0096　◁)) 0096

Suit yourself.

好きにすれば。

発音 Suit yourselfはくっついて“スーチュアセゥフ（f）”、もしくはtを飲み込んで“スーッ〇ヨセゥフ（f）”。

表現 suit oneselfで「自分の好きなようにする」。

0097　◁)) 0097

Take care.

気をつけて。

発音 Takeのkeを飲み込み、careの“ケ”（ca）をはっきりと言う。

表現 意味は「気をつけて」だが、別れる時に「じゃあね」くらいの意味でよく使われる。

0098　◁)) 0098

Thank goodness.

ありがたい。／良かった。

発音 Thankのkの音は飲み込みで〇。

表現 goodnessは「善良さ、良いところ」という意味もあるが、ここではGod（神）の婉曲表現。嫌なことが片付いたり、または回避されてほっとした時などの表現。

0099 ◁)) 0099

That's all.

ただそれだけだよ。／それでおしまい。

発音 That's の t's と all がくっついて、"ダッツォー"。

表現 直訳すると「それで全部です」。

0100 ◁)) 0100

That's enough.

もういい（ってば）。／いいかげんにしろ。

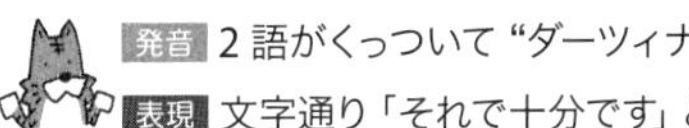

発音 2 語がくっついて "ダーツィナーフ (f)"。

表現 文字通り「それで十分です」という他に、ケンカを止めたり、何かを我慢していたけれどもう限界だ、というような場面で「もうやめろ」「もうたくさんだ」という感じでも使われる。

0101 ◁)) 0101

That's fun.

それが楽しいんだよね。

発音 That's の ts も、fun の f も強く息を吐いて。

表現 先行する話を that で受けている。

0102 ◁)) 0102

That's good.

良かったね。／いいね。

発音 good の最後の d は飲み込みで○。

表現 「それはいい」だが、相づちなどでも「良かったね」「いいね」と軽い感じで使われる。

0103 🔊0103

That's great!

それはすごい！

発音 great の "れイ"(rea) の "エィ" の部分をはっきりかつ滑らかに発音する。

表現 great の代わりに、neat, super, terrific などを使っても同様。

0104 🔊0104

That's it.

そう、それそれ。／ そうそれだ。

発音 That's の th の音に注意。2 語がくっつき "ダツィッ○"。

表現 That's it. は「(問題は) そこだ」「それでよい」「それでおしまい」などいろいろな意味がある。

0105 🔊0105

That's life.

それも人生さ。

発音 2 語ともはっきり発音して "ダツライフ (f)"。

表現 嫌なことがあった時に「人生[世の中] そんなもんだよ」「理不尽なことはあるさ、あきらめないと」というような意味合いで使われる。

0106 🔊0106

That's OK.

いいんですよ。

発音 カタカナ語ではオッケーと言うが、英語では "オウ・ケイ" とアルファベットそれぞれをはっきりと発音する。

表現 謝られた時に「いいんですよ」という意味で、または何かを勧められた時に「結構です」と断る意味で使われる。OK は綴りで okay とも書く。

0107 ◁)) 0107

That's right.

その通りだよ。

発音 rightのrの音は口を丸くすぼめたところから発音するので"ダツ(ゥ)らイッ〇"。

表現 相手の言葉を「その通り！」と賛成・肯定する時に使われる。

0108 ◁)) 0108

That's terrible.

それはひどいね。

発音 terrible は初めの"テ"(te) を強く発音する。rと最後のlの音に注意して"テらボー"。

表現 terrible を horrible や awful と入れ替えても同様。terrible と terrific (素晴らしい) は似ているが、意味が全然違うので注意する。

0109 ◁)) 0109

That's tough.

それは大変だね。

発音 That's の ts や tough の gh (f) でしっかり息を吐く。

表現 tough は「(状況などが) 厳しい」。

0110 ◁)) 0110

That's true.

本当だよ。

発音 tr は"チュ"でうまく発音できるので"ダツチュゥー"。

表現 You're right. や That's the truth. と同様。

0111 ◁)) 0111

That's unbelievable.

信じられない。

発音 unbelievable は un “アン” と lie “リー” を強く発音する。最後の vable は “ヴァボゥ” の感じで。

表現 unbelievable は「信じられない（ほど素晴らしい）、すごい、驚くべき」。

0112 ◁)) 0112

Time's up!

時間切れです。

発音 Time's up はくっついて “タァイムザッ○”。最後の p は破裂させずに飲み込みで。

表現 up には「時間が過ぎて、時間が切れて、終わりで」という意味がある。

0113 ◁)) 0113

Tough break.

残念だったね。

発音 Tough は “タフ（f）”。break の語尾の k の飲み込みに注意。

表現「不運だったね」「残念だったね」という意味で、Too bad. と似たような場面で使われる。

0114 ◁)) 0114

Try me.

言ってみて。／私を試してみて。

発音 tr は “チュ” でうまく発音できるので、try は “チュァィ” の感じ。

表現 言うのをためらっている相手に「私に言ってみて」、仕事などを「私に任せてみて」、ケンカ相手に「俺にかかってみろ」のような意味で、様々な場面において使われる表現。

0115 🔊 0115

Watch out!

気をつけろ！ ／ 危ない！

発音 Watch out はくっついて“ウォチャーゥッ○”。

表現 人が何かにぶつかりそうになるなど、危険な時に注意を促す言葉。Watch it! も同様。

0116 🔊 0116

We'll see.

そのうちにね。

発音 We'll see はくっついて“ヲースィー”。

表現「じきにわかるよ」「やればわかるさ」「どうなることやら」などの意味がある。「自分は今わかってなくて、私も含めてあなたもわかるだろう」なので we だが、「自分は今わかっていて、あなたにもわかるだろう」なら You'll see.

0117 🔊 0117

Well done!

えらい！

発音 Well と done のどちらも強くはっきりと発音する。well の l ははっきり発音せず“ウェォ”の感じ。

表現 相手が何かうまくやりとげた時などに褒める表現。

0118 🔊 0118

What for?

どういう理由で？

発音 What の t は飲み込んで“ワッ○”。

表現 Why? と同じような意味で、「どういう理由で？」「どんな目的で？」といったことを聞く時に使われる。

0119 🔊0119

What gives?

どうしたの？

発音 What の t は飲み込むが、gives の s は息を吐く。

表現 後ろに具体的な内容が続くこともあるが、What gives? だけでも使われる。

0120 🔊0120

What happened?

何があったの？ ／ どうしたの？

発音 What の最後の t と happened の d は飲み込んで “ワッ〇ヘァープンッ〇”。

表現 「何が起こったの？」と聞く時の表現。ちなみに特定の人や部位なら「彼に何が起こったの？」なら What happened to him? だし、誰かが手に包帯を巻いていたりしたら What happened to your hand? のように言えばいい。

0121 🔊0121

What's up?

元気？ ／ 何かあった？

発音 一息で “ワツァッ〇” もしくは “ワザッ〇”。

表現 up には「起こって、進行中で」という意味がある。What's new? も同様。この What's up? はアメリカのくだけた日常会話のあいさつ表現として高頻出。

0122 🔊0122

What's wrong?

どうしたの？

発音 wrong は long にならないように、口を丸くすぼめてきちんと r の音を出すように注意する。

表現 見てすぐに相手の様子や体調がおかしいような場面で使われる。特定の人や部位なら with him や with your hand をつける。

0123 ◁)) 0123

Who cares?

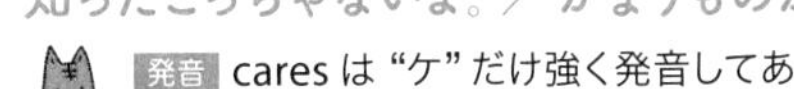
知ったこっちゃないよ。／ かまうものか。

発音 cares は “ケ” だけ強く発音してあとは力を抜く。ただし語尾の “ズ” は落とさないように。

表現 直訳の「誰が気にする?」から「誰も気にしない」「知るか」「どうだっていい」というような意味で使われる。

0124 ◁)) 0124

Who knows?

さあね。／ わからない。

発音 knows は “オゥ” の二重母音の音を意識する。最後は “ズ (z)”。

表現 直訳の「誰が知っているの?」から「誰も知らない」「そんなこと知らないよ」という意味になる。

0125 ◁)) 0125

Why not?

いいよ、いいよ。

発音 Why と not のどちらもはっきり発音する。not は “ナー↗ー↘○” のようにピッチを上げて下げる。最後の t は飲み込み。

表現 直訳の「なぜダメなの? (いいじゃない)」の他に、相手に何か申し出てもらったり、依頼された時に「いいとも」「もちろんそうしよう」という意味でも使われる。

0126 ◁)) 0126

You win.

君の勝ちだ。

発音 win の w の音は、唇を丸く前に突き出す形から発音し、n は鼻に息を流して “ンヌ”。

表現 ゲームなどで「君の勝ちだよ」という時の言葉。「僕の勝ちだ」なら I win となる。反対は lose で、よく You win. I lose. のような組み合わせで使われる。

0127 ◁)) 0127

You're kidding.

冗談でしょ。

発音 You're は速く、kidding は、初めの ki をはっきり強く発音し、語尾の ng は "ング" で鼻に息を流して "キディング" のようになるが、飲み込みで "キディンッ○" の感じで。

表現 You're joking. も同様に使われる。

0128 ◁)) 0128

You're up.

君の番だよ。

発音 2 語がくっついて "ユァーアッ○" のように。最後の p は飲み込みで。

表現 It's your turn. や You're up next. とも言う。

Column 02

チャンク・ストリーミングに挑戦しよう❷

最初はあまり話題には入り込まず、相手の発言を軽く受け止めてあいづちを打つくらいの展開から始めることがコツです。

（　）の数をヒントに英語にしてみてください。

※【　】内の数字は本書収録（またはその応用）のフレーズ番号です。

A: おはよう！今日は①調子はどう？

Good morning! ① (　　) (　　) (　　) today?

B: 俺は結構いい感じだよ、ありがとう。君はどう？

I'm doing well, thanks. And you?

A: 俺も②結構いい感じだよ。ただ起きるのがつらいんだ。

② (　　) (　　) (　　), too. Just trying to wake up.

B: ああ、わかるよ。朝は③なかなか起きられないもんね。

Yeah, I hear you. ③ (　　) (　　) getting going in the morning.

A: ④そうだね。じゃあ、⑤またね。

④ (　　). Well, ⑤ (　　) (　　) (　　) (　　)!

B: うん、またね。

You too.

① How are you【0190】 ② I'm doing okay【0227】 ③ It's tough【0109】
④ Definitely【0001】 ⑤ have a good day【0416】

3語で話そう

日常で最もよく使われる重要で高頻度の表現は、3語のフレーズ。リズムをつけて一息で、一気に言おう！

学習フレーズの例：Catch you later.「じゃまたね」/ I screwed up.「へまをやっちゃった」/ It's been ages.「久しぶりだね」/ Keep in there.「頑張れ」

0129 　　　🔊 0129

All kidding aside, ...

冗談はさておき…

発音 All は“オール”ではなく“オー”。kidding aside はくっついて“キディンガサーィッ〇”。

表現 直訳すると「全ての冗談をわきへ置くと…」。

0130 　　　🔊 0130

Am I clear?

わかりましたか？

発音 Am I はくっついて“エマイ”。

表現 直訳は「私（の言っていることは）明白ですか?」から。同じような意味で Do I make myself clear? も頻出。

0131 ◁)) 0131

Am I wrong?

私間違っていますか?

発音 Am I はくっついて“エマイ”。wrong は long の発音にならないように r の音に注意。

表現 wrong は「間違っている、正しくない」という意味。

0132 ◁)) 0132

And then what?

それでどうなったの?

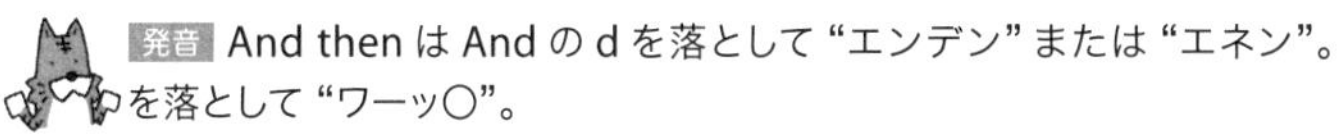

発音 And then は And の d を落として“エンデン”または“エネン”。what も t を落として“ワーッ○”。

表現 話の先を早く言ってほしい時に使う。

0133 ◁)) 0133

Any further questions?

他にまだ聞きたいことがありますか?

発音 further の ur はあまり口を開けずに曖昧な“アー”。

表現 further は「さらなる」。

0134 ◁)) 0134

Anything will do.

何でもいい。

発音 Anything の th の音と鼻に息を流す ng（ング）に注意。will は“ウィル”ではなく軽く“ウォ”。

表現 ここの do の意味は「役に立つ、ことをなす」。

0135 🔈0135

Anything you say.

何でも言われた通りにします。

発音 Anythingは“エニティ(th)ング”で、鼻から声を抜く語尾のng(ング)に注意。

表現 I'll do anything you say. の省略。

0136 🔈0136

Are you listening?

聞いてる?

発音 “アーユー”と伸ばさず軽く“アヤ”に近い音。listening の li を強く。語尾の ng は鼻に息を流して“ング”。

表現 listen には「耳を傾ける、聞こうとする」という意味合いがある。

0137 🔈0137

Are you nuts?

頭おかしいんじゃないの?

発音 Are you は軽く“アユ”で、nuts にリズムの山を置く。

表現 nuts は「気の狂った、ばかな」。

0138 🔈0138

Are you sure?

絶対? / 確かですか?

発音 “アーユー”と伸ばさず“アヤ”に近い音。この sure の“シュ”の音を思い切って強く出す。

表現 「本当に?」「確かなの?」と確認したり、念を押す時の表現。

0139 ◁)) 0139

As it happens, ...

偶然にも…

発音 As it はくっつけて t を飲み込みで “アズィッ○”。

表現 通常、コンマで区切って使う。

0140 ◁)) 0140

As you know, ...

ご存じの通り…

発音 As you はくっついて “アズュ” もしくは “アジュ”。

表現 前置き的に使う。

0141 ◁)) 0141

As you please.

お好きにどうぞ。

発音 As you はくっついて “アズュ” もしくは “アジュ”。

表現 Do as you please. とも言う。

0142 ◁)) 0142

Ask me anything.

何でも聞いて。

発音 Ask の a と anything の a にリズムの強い山がくる。anything の鼻に息を流す ng（ング）に注意。me は弱く速めに。

表現 You can ask me anything. や Please ask me anything. などとも使われる。

0143 🔊 0143

Be my guest.

遠慮しないでください。

発音 ゲストはカタカナ語になっているが英語では“ゲスッ○”と最後は飲み込みで。

表現 直訳すると「私のゲストになって」だが、「遠慮なく食べて[使って]ください」と客に勧めたり、頼まれた時に「いいですよ」「どうぞお好きに」と答えたり、食事をおごる時などに使う表現。

0144 🔊 0144

Be right there.

すぐ行くよ。

発音 right there は t を飲み込んで“らイッ○デ (th)”。

表現 I'll be right there. の省略。

0145 🔊 0145

Break a leg!

うまくいくことを祈ってるよ！

発音 break a はくっついて“ブれイカ”。

表現 直訳すると「脚を折れ」だが、相手の成功を祈る意味で使う。

0146 🔊 0146

Can we talk?

ちょっと話せますか？

発音 talk はあくびのように喉を大きく開いて、k は飲み込んで“トーッ○”。

表現 主に相手と真剣な話をする時に使われる。特に、深刻な話などの時は ～ in private をつける。軽い話の時は Let's have a talk. などの方がよい。

0147

◁)) 0147

Catch you later.

じゃまたね。〔別れるとき〕

発音 catch you はくっついて “キャチュ”。later はアメリカ英語だと “レイラ”。

表現 直訳は「また後であなたを捕まえます」。

0148

◁)) 0148

Come back anytime.

いつでもまた来てください。〔帰る客に〕

発音 Come の後に back が続くと、m は “ム”より “ン” に近い音で発音もしやすくなる。“カンバッ〇” の感じに。

表現 ゲストに「またいつでも来てください」というような場面でよく使われる。

0149

◁)) 0149

Come on in.

おあがりください。〔玄関などで〕

発音 Come on in. は 3 語全てくっついて “カマニーンヌ（n）”。

表現 ゲストを招き入れる時の表現。

0150

◁)) 0150

Couldn't be better.

これ以上ないくらいいいよ。

発音 Couldn't be はくっついて、“クドゥンッ〇ビ”と、t が飲み込まれる。

表現 It couldn't be better. の省略で、「これ以上良くはなれない」から、「最高だよ」という意味になる。

0151 ◁)) 0151

Count me in.

私も仲間に入れて。

発音 Count の最後の t は飲み込まれて "カウンッ○" の感じで。Count me in は "カウン○ミーイン" のように。in を一番強く言う。

表現 反対に「私を外して」「数に入れないでおいて」なら Count me out.

0152 ◁)) 0152

Cut it out!

やめて！ ／ 黙れ！

発音 3 語がくっついて "カディダゥッ○"。

表現 Stop it! や Stop doing it! と同様。

0153 ◁)) 0153

Do it now.

すぐにやりなさい。

発音 Do it はくっついて "ドゥィッ○"。it の t は飲み込み。

表現 Do it right away. も同様。

0154 ◁)) 0154

Do you agree?

同意しますか？ ／ 了承しますか？

発音 agree は r の発音に気をつけて、後ろの ree の方のピッチを高くする。

表現 agree は動詞で「同意する、合意する」。相手の賛同を求める時の表現。

0155

Don't ask me.

0155

私に聞かないでよ。

発音 askのaを一番強く。アメリカ英語ではdon'tのtを飲み込んでnとaskがくっつくので"ドナースクミ"。

表現 「知らないよ。だから、私に聞かないでよ」という感じの表現。

0156

Don't be silly.

0156

バカなこと言わないで。

発音 Don'tのtは飲み込まれ、"ドンッ〇ビィ"。

表現 sillyは「ばかな、くだらない」。きつい感じではなく「やあねえ」という軽い感じで使われる。女性言葉というわけではない。

0157

Don't give up.

0157

あきらめちゃだめだ。

発音 Don'tのtもupのpも飲み込まれて聞こえない。give upはくっついて"ギヴァッ〇"。

表現 I give up. なら「もうダメ」「降参だ」。あきらめの表現にはgive inもあるが、こちらは「相手の軍門に下る」イメージ。

0158

Don't go there.

0158

その話には触れないで。／そこには行くな。

発音 Don'tの最後のtは飲み込まれて聞こえない。thereのthの発音を意識。

表現 直訳すると「そこには行くな」。文字通りの場面もあるかもしれないが、話したくないことや触れられたくない話題が出てきた時に使う表現。

0159 ◁)) 0159

Drop the subject.

その話はやめろ。

発音 dr は "ヂュ" でうまく発音でき、最後の p は飲み込みなので Drop は "ヂュオッ〇"。最後の subject の語尾は飲み込みで "サブジェクッ〇"。

表現 この drop は「落とす、落ちる」ではなく「やめる」。subject は「話題、件」。

0160 ◁)) 0160

Easy does it.

落ち着いて。／ ゆっくりやって。

発音 Easy は "イージー" ではなく "イーズィ"。does it はくっついて "ダズィッ〇"。

表現 Easy. と一語でも同様の意味で使われる。

0161 ◁)) 0161

Either will do.

どちらでもいいよ。／ どっちでも構わないよ。

発音 will は軽く "ヲ" でよいので、"イーダ（th）ヲドゥー"。

表現 Either will be fine. や Both are good. などと言っても同様の意味を表せる。

0162 ◁)) 0162

Enough is enough.

もうたくさんだ。

発音 Enough の gh は f の音。3 語全てくっついて "イナーフ（f）ィズィナーフ（f）" とうんざりした感じで一気に言う。

表現 Enough! や Enough already. などと言っても、同様の意味を表せる。

0163

0163

Everything is okay.

全てオッケー。

発音 Everything は ry をきちんと発音すると大変なので “エヴィティン” くらいでもよい。また、is okay とくっついて一息で “エヴィティンギゾゥケーィ”。

表現 Everything is OK. とも表記。Everything is all right. も同様。

0164

0164

Everything went well.

全てうまくいった。

発音 went と well の w は “ウ” と唇を丸くすぼめたところから発音し、“ウェン〇ウェゥ”。

表現 Everything turned out all right. / Everything worked out fine[OK]. などとも言える。

0165

0165

Far from it.

とんでもない。／ 全然違うよ。

発音 Far と from の f の発音に注意。it の t は飲み込み。

表現 直訳は「それから離れている」。

0166

0166

Get over it.

忘れちゃえよ。／ 乗り越えろ。

発音 Get, over, it の 3 語を一気に滑らかに発音する。“ゲロウヴァィッ〇”。

表現 get over は「乗り越える、打ち勝つ、忘れる」。

0167

🔈 0167

Get the picture?

理解できた？ ／ 話が見えた？

発音 Get the は t を飲み込んで “ゲダ (th)” のようになる。

表現 「イメージを掴んだか?」という意味。

0168

🔈 0168

Give it time.

焦らないで。／ 時間をかけて。

発音 Give it はくっついて、it の t は飲み込むので “ギヴィッ〇ターィム” のような感じ。

表現 直訳すると「それに時間を与えろ」。

0169

🔈 0169

Go for it.

頑張れ。／ やってみろ。

発音 for it は続けて “フォィッ〇” のように発音する。最後の t は飲み込み。

表現 go for it は「目標に向かって進む、頑張ってやってみる」。

0170

🔈 0170

God bless you!

お大事に。

発音 bless you はくっついて “ブレシュ”。

表現 直訳すると「神のご加護を」。くしゃみをした人には短縮した Bless you でよく使われる。

0171 ◁)) 0171

God only knows.

神のみぞ知る。／誰にもわからない。

発音 only も knows も二重母音なので “ガーッオゥンリィノゥズ” のようになる。

表現 Heaven only knows. も同様。

0172 ◁)) 0172

Good for you.

よくやったね！／良かったですよ！

発音 Good の最後の d が飲み込まれて “グッ〇フォユ”。

表現 相手が成功したり良いことがあった時に、褒めたり激励するような場面で使われる。

0173 ◁)) 0173

Good to go.

用意はできてる。

発音 Good の最後の d が飲み込まれ、“グッ〇トゥゴゥ” または軽く “グタゴゥ”。

表現 be good to go で「用意［準備］ができている、予定［計画］通りに進んでいる」。

0174 ◁)) 0174

Got a time?

ちょっと時間ある？

発音 3 語をくっつけて一気に言うので “ガダタイム（m）？”。

表現 Have you got a time? の省略。Got the time? と a を the にすると、時刻を聞くことになるので注意。

0175 　　　　0175

Hang in there.

あきらめちゃだめだ。／頑張れ。

発音 Hang と in がくっついて “ヘンギンデァ” もしくは “ヘンギンネァ”。

表現 hang in there は「持ちこたえる、あきらめないで頑張り通す」。

0176 　　　　0176

Hash it out.

とことん話し合って手を打とうよ。

発音 全てくっついて “ハーシターゥッ〇”（アメリカ英語では “ハーシラーゥッ〇”）。

表現 Hash things out. でもよく、「腹を割って何でも話し合って納得したり、合意したりする」という意味。

0177 　　　　0177

Have a seat.

座ってください。

発音 Have と a はくっついて “ハヴァ”。seat は “スィーッ〇” で t は飲み込み。

表現 Take a seat. でもよい。お客様・ゲストに丁寧に席をすすめる時には、Please sit down. ではなく、(Please) have a seat. や (Please) take a seat. を使う。

0178 　　　　0178

Heads or tails?

表か裏か？〔硬貨の〕

発音 tails の l は軽く “ゥ” で “テイゥズ (z)”。

表現 コインを放り上げ、賭けて何かを決める時の決まり文句。

0179 🔊0179

Hear me out.

最後まで聞いてください。

発音 out の "アゥ" の音ははっきり滑らかに発音する。

表現 out には「最後まで、完全に」という意味がある。

0180 🔊0180

Here goes nothing.

ダメもとだけど、（やれるだけ）やってみよう。

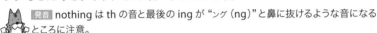

発音 nothing は th の音と最後の ing が "ング (ng)" と鼻に抜けるような音になるところに注意。

表現「ダメもとだけど、うまくいかないかもしれないけど、それでもやってみるか」というような場面で使われる。

0181 🔊0181

Here it is.

さあ、どうぞ。〔単数のとき〕

発音 3 語は一気にくっつけて "ヒァイティーズ"、もしくはアメリカ英語では t が濁って "ヒァイディーズ"。

表現 複数の時は、Here they are. となる。なお、go を使った Here it goes. も同じような意味。

0182 🔊0182

Here we are.

着いたよ。

発音 3 語が一気に流れるように "ヒウィアァ"。

表現 自分一人だけが到着したのなら、Here I am.

0183 ◁)) 0183

Here we go!

さあ、行くぞ。／ さあ、やるぞ。

発音 Here と go にリズムの山を置いて “ヒーウィゴーゥ”。

表現 Here で始まる表現は他にも Here it is.（はい、どうぞ）、Here we are.（さあ、着いた）などけっこうある。

0184 ◁)) 0184

Here you are.

さあ、どうぞ。〔手渡す物が単数・複数どちらでも〕

発音 3 語が一気に流れるように “ヒァユアァ”。

表現 「はいどうぞ（ここにあります）」と、相手が求めている物を渡すような場面で使われる。

0185 ◁)) 0185

Here you go.

さあ、どうぞ。

発音 Here と go をはっきり発音してメリハリをつける。

表現 何かを手渡す時、特に料理を運んで「さあ、どうぞ」とテーブルに置くような場面でよく使われる。

0186 ◁)) 0186

Here's your chance.

今しかないよ。／ これが君のチャンスだ。

発音 Here's your は一気に “ヒャズョ”、chance は “チェァーンス” とはっきりと発音する。この a は思い切って強く長めに。

表現 Here's(=Here is) は「ここに～がある、これは～です」。

0187 ◁)) 0187

Hold on tight.

しっかりつかまって。

発音 Hold と on がくっついて、また、l が軽い “ゥ” のような音なので、“ホゥドンヌ(n)”。次の tight は “タァイッ○” で語尾は飲み込み。

表現 「しっかりと」という副詞は tightly の形もあるが、この Hold on tight. は tight で使うのが一般的。

0188 ◁)) 0188

Hop to it!

今すぐに取りかかりなさい。

発音 Hop の p は飲み込まれ、すぐに続く to it は “トゥイッ○”。

表現 hop to it で「仕事に取りかかる」。

0189 ◁)) 0189

How about you?

あなたはどう?

発音 about の最後の t が飲み込まれて “ハゥアバゥッ○ユゥ”、または、t と you がくっついて “ハゥアバゥチュ”。

表現 相手から質問されて、「あなたはどうなの?」と聞き返すような場面でよく使われる。

0190 ◁)) 0190

How are you?

お元気ですか?

発音 3 語が滑らかにくっついて “ハワユ”、または “ハワヤ”。

表現 「元気?」「調子はどう?」という、場面を選ばずに使えるあいさつの表現。初対面の相手に使うこともできる。

0191 ◁)) 0191

How could you?

何てことをするんだ。

発音 could と you がくっついて "クヂュ"。

表現 How could you do that?（なんでそんなことができるんだよ）の省略。

0192 ◁)) 0192

How's it going?

調子はどう？

発音 How's と it はくっついて "ハウズィッ〇"。

表現 カジュアルに、軽い間柄で調子を尋ねる時の表現。

0193 ◁)) 0193

How's that again?

もう一度言ってください。

発音 that の最後の t と again がくっついて "ハゥズダ（th）ダゲーンヌ（n）"、もしくはアメリカ英語では "ハゥズダラゲーンヌ（n）"。

表現 聞き取れなくてもう一度言ってほしい時に使う表現。

0194 ◁)) 0194

How's your business?

仕事の調子はどう？

発音 How's you はくっついて "ハウジョ"。business は "ビジネス" ではなく "ビズネス" のように言うとうまく発音できる。

表現 挨拶として使う。

0195 0195

I am lost.

全然わからなくなってしまいました。

発音 I am は軽く“アム”。lost は喉をよく開いて t は飲み込むので“ロースッ〇”。

表現 実際の道に迷う以外にも話の流れに迷って「ちんぷんかんぷんになった」時によく使われる。

0196 0196

I appreciate that.

ありがとうございます。／感謝します。

発音 appreciate は“り”(re) を最も強く発音し、最後の te は飲み込まれ、“アィァプリーシエィッダーッ〇”。

表現 Thank you for that. と同じ意味だが、かなり丁寧な言い方。

0197 0197

I can't tell.

私にはわからない。

発音 can't の最後の t は飲み込まれる。tell の最後の l は軽く流して“テォ”。

表現 tell は「言う」の他に、「～を見分ける、わかる」の意味がある。

0198 0198

I did it.

できたあ！

発音 did it はくっついて“ディディッ〇”。

表現 文字通りの「私がそれをやりました」の意味もあるが、何かを達成したり成功したりした時に「できた！」「やった！」という感じでも使われる。

0199 ◁)) 0199

I don't care.

私は気にしない。／ かまわないよ。

発音 I don't care は "アィドンッ〇ケァ" または "ァドン〇ケァ"。

表現 「どうでもいいよ」 というちょっとなげやりな無関心のニュアンスがあるので使い方に注意。

0200 ◁)) 0200

I don't know.

わかりません。／ 知りません。

発音 はっきり "アィドウンッ〇ノウ" と発音する時もあれば、軽く "ァダンッ〇ノゥ" と発音する時もある。いずれの場合も don't の最後の t は飲み込まれる。

表現 人に何か聞かれてただひと言 I don't know. と言うとぶっきらぼうな感じがする場合もあるので、その時は Sorry, I don't know. や I'm not sure. などを使う。

0201 ◁)) 0201

I don't understand.

理解できません。／ わかりません。

発音 don't の最後の t と understand の d は飲み込まれ、くだけた速い会話では "アドアナシュテーンッ〇" のようになる。

表現 I can't understand. だと「(心情的にも) 到底理解できません」 という意味になってしまうので注意。

0202 ◁)) 0202

I doubt it[that].

そうかなぁ。／ そうは思わない。

発音 doubt it はくっついて "ダウディッ〇"。

表現 doubt は「(〜ではないと) 疑う」 という意味合いがある。

0203 ◁)) 0203

I feel terrible.

最低な気分です。

発音 feel の最後の l は軽く流して “フィーォ”。

表現 terrible は「ひどい、厳しい、つらい」。

0204 ◁)) 0204

I forgive you.

あなたを許します。

発音 forgive you はくっついて “フォギヴュ”。

表現 誰かを許すような場面では、他に I accept your apology.（「謝罪を受け入れます」「許します」）もある。

0205 ◁)) 0205

I give in.

参った。

発音 give in はくっついて “ギヴィン”。

表現 give in は「戦いで相手の軍門に下る、ゲームなどで降参する」ようなイメージ。

0206 ◁)) 0206

I got nervous.

あがっちゃった。〔舞台などで〕

発音 got の最後の t は飲み込まれる。nervous の ner は口をあまり開けずに曖昧な “ナー”。

表現 舞台であがった時は、I got[had] stage fright. などとも言う。

0207 ◁)) 0207

I got you.

わかったよ。／捕まえた。

発音 got you は "ガッチュ"。

表現 カジュアルな感じで「わかったよ」というような場面で使われる。

0208 ◁)) 0208

I guess not.

そうではなさそうですね。

発音 not のピッチを一番高く、しかし t は飲み込みで "ノーッ〇" または "ナーッ〇"。

表現 反対は I guess so.

0209 ◁)) 0209

I hope not.

そうではないといいのですが。

発音 not のピッチを一番高く、しかし t は飲み込みで "ノーッ〇" または "ナーッ〇"。

表現 この I hope ～は「～だといいね」。

0210 ◁)) 0210

I hope so.

そう望んでいます。／だといいですね。

発音 hope は "ホープ" ではなく "ホウプ" と "ウ" の音に注意。飲み込みを注意して、一語のように一気に "アイホウッ〇ソゥ"。

表現 反対は、I hope not.（そうではないといいんだけど）

0211 ◁)) 0211

I knew it.

やっぱりね。／わかってたよ。

発音 knew を強調して。また、knew it は続けて "ニュウェッ〇" のように発音。

表現 直訳は「私はそれを知っていた」。「やっぱりね」「そう思ってたんだよ」というような感じで使われる。

0212 ◁)) 0212

I like it.

いいね。／気に入ったわ。

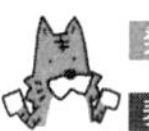

発音 like it は続けて、また、最後の t は飲み込んで発音するので、"ライキッ〇"。

表現 好きを強調したい時は、I really like it. や I like it a lot. などとも言う。ちなみに、SNS の「いいね（ボタン）」も、like (button)。

0213 ◁)) 0213

I mean it.

本気で言ってるんだ。／マジだよ。

発音 mean it はくっついて "ミーニィッ〇"。

表現 mean は動詞で「意味する」という意味の他に、「本気で〜と言っている、本気である」という意味がある。

0214 ◁)) 0214

I screwed up.

へまをやっちゃった。

発音 screwed up はくっついて "スクるーダッ〇"。

表現 screw up で「台無しにする、大失敗する」。

0215 🔊0215

I warned you!

注意したよね。／言っただろう。

発音 warned you はくっついて“ウォーンヂュ”。

表現 warn は「警告する、注意する」。表示でよく見る WARNING は「警告、注意、警報」のこと。

0216 🔊0216

I wonder why.

何でかな。

発音 wonder と why の初めの w はギュッと唇を丸めてすぼめるところから発音。

表現「なんでかなあ」とそれだけで使うこともあるが、その後に文を続けて、I wonder why he didn't come.（彼が来なかったのはなんでかなあ）のように使うことも多い。

0217 🔊0217

I'd rather not.

私はむしろしないでおきます。

発音 I'd の d と、not の t は飲み込まれるので、“アィッ○らダナーッ○”。

表現 rather は「どちらかといえば、むしろ」という意味なので、同じ“しない”のでも柔らかな印象になる。

0218 🔊0218

I'll be waiting.

待っているよ。

発音 I'll は“アイル”ではなく“アィォ”または“アォ”。waiting の最後の ing は鼻を通して抜ける感じで“ング（ng）”。

表現 I'll be waiting for you. なども使われる。

0219

I'll miss you.

0219

あなたがいなくなると寂しくなるわ。

発音 miss you は滑らかにつなげて “ミスュ” または “ミシュ”。

表現 I'm going to[gonna] miss you. も同様。

0220

I'm absolutely positive!

0220

絶対確かだよ。

発音 absolutely の a と lu、positive の po にリズムの山を置く。positive は “パーズィティーヴ” という感じ。

表現 I'm absolutely sure! も使われる。

0221

I'm against that.

0221

私はそれに反対です。

発音 I'm against はくっつき、against と that の語尾の t は飲み込むので “アマゲィンスッダーッ”。

表現 against ～ は「～に反対して」。反対に「～に賛成して」なら for ～。

0222

I'm all ears.

0222

さあ、話して。／聞かせて。

発音 全てくっついて “アモーリァーズ (z)”。

表現 直訳は「私は全身が耳です」。「注意してちゃんと聞くから話して」という意味。

0223 ◁)) 0223

I'm all right.

私は大丈夫だよ。／ 元気だよ。

発音 I'm all はくっついて、all の ll は流してよいが、その分 right の r をしっかり準備して "アモーゥらィッ○"。

表現 I'm OK. も同様。

0224 ◁)) 0224

I'm all thumbs.

私は不器用なんです。

発音 I'm all はくっついて "アモー"。thumbs の b の音は発音されないので "サ(th)ムズ"。

表現 直訳は「私は全部親指だ」。全部親指になったら、手がうまく使えない、手先がおぼつかなくなるだろう、ということから。

0225 ◁)) 0225

I'm awfully[really, terribly, very] sorry.

本当にごめんなさい。

発音 awfully は aw と綴るが、あくびの口で "オー"。

表現 I'm sorry. をもっと強調した言い方で、I'm so sorry. もよく使われる。

0226 ◁)) 0226

I'm begging you.

お願い！

発音 begging you はくっついて "ベギンギュ"。

表現 beg は「懇願する、～に頼む」。両手を合わせてお願いする感じ。

0227 ◁)) 0227

I'm doing okay.

うまくやってます。／元気にやってるよ。

発音 doing の do と okay の kay に山を持ってきてリズミカルに発音する。

表現 okay は OK とも表記される。

0228 ◁)) 0228

I'm fed up.

いやんなっちゃうよ。／あきあきしている。

発音 fed up はくっついて "フェダッ○"。

表現 be fed up で「飽き飽きしている、うんざりしている」。

0229 ◁)) 0229

I'm getting confused.

混乱してくるよ。

発音 confused は fu のところにアクセント。

表現 I'm confused で「混乱しているよ」だが、getting が入ることで「だんだん～してくる」のニュアンスになる。

0230 ◁)) 0230

I'm not available.

私は都合が悪いです。

発音 not で一番ピッチを高くし、"アムノータヴェィラボー" もしくは "アムナーラヴェィラボー"。

表現 available は「利用できる、手が空いている」。I'm afraid をつけて、I'm afraid I'm not available. と言うと、さらに丁寧になる。

0231 ◁)) 0231

I'm not sure.

わかりませんｓ。

発音 I'm not の最後の t は飲み込んで "アィムナッ○"。

表現 sure（確信して自信がある）ではない、ということから「わかりません」という意味で使われる。

0232 ◁)) 0232

I'm not surprised.

どうせそんなことだろうと思ったよ。

発音 not は t は飲み込むが、ピッチは 3 語の中で一番高く。

表現 直訳すると「私は驚いていません」。「でしょうね」「そう思ってました」という意味合いで使われる。

0233 ◁)) 0233

I'm so jealous!

いいなぁ。／ うらやましい！

発音 jealous の jea "ヂェ" を強くはっきり発音する。

表現「誰かがうらやましい」と言う時の表現。You are so lucky. もこのような場面でよく使われる。

0234 ◁)) 0234

I'm telling you.

はっきり言っておくよ。／ 本当なんだよ。

発音 telling の te は強く発音する。telling you はくっついて "テリンギュ"。

表現 自分の言っていることが「本当なんだよ」「うそ冗談じゃないんだよ」と訴えるような場面で使われる。同じような意味で I'll tell you. も使われる。

0235 0235

I'm with you.

私もあなたと同じ意見です。

発音 with you は th の音に注意して “ウィデュ” とまとめて発音。

表現 文字通り「私はあなたと一緒にいます」という意味にもなるが、「同じ意見です」「同感です」という意味でも使われる。

0236 0236

If you insist, ...

そこまで言うなら… ／ お言葉に甘えて…

発音 insist は si にアクセントなので、“スィ” の音を強く発音する。

表現 insist は「主張する、要求する」。「あなたが要求するなら」から、「どうしてもとおっしゃるなら」「ではお言葉に甘えて」と、何か申し出を受けたり、物をもらったりした時それに応じる場面で使われる。

0237 0237

In any case, ...

とにかく… ／ いずれにせよ…

発音 in は軽く、any と case の冒頭を丁寧に発音する感じ。

表現 case（事例、場合）から、「どんな場合でも」「とにかく…」という意味で使う。

0238 0238

In my opinion, ...

私の意見では… ／ 私としては…

発音 通常は my を一番強く言う。opinion は pi に山がくる感じで “アピニァンヌ(n)” のように発音する。

表現 個人的な私見として、自分の思いや意見を言う時の表現。

0239 🔊0239

In other words, ...

言い換えれば… ／ つまり…

発音 other は th の音に気をつけて “アダ(th) ー”。

表現 直訳では「他の言葉では[で言うと]」。自分の言いたいことや意図をはっきりさせる時の表現。

0240 🔊0240

Is that all?

それで全部ですか？

発音 that と all がくっついて “イズダ (th) ロォ”。

表現「それで全部ですか？」という意味の他に、「それだけ？」「それっぽっち？」のようなニュアンスで使われる時もある。

0241 🔊0241

Is that enough?

それで十分なの？

発音 that と enough がくっついて “イズダ (th) ティナーフ”、もしくはアメリカ英語では “イズダ (th) ーディナーフ”。

表現 enough は「十分な」。

0242 🔊0242

Isn't that something?

それってすごくない？ ／ 大したもんでしょう？

発音 Isn'tのtは飲み込まれ、thatの最後のtは飲み込まれるので “イズンダッ○”。

表現 something は、代名詞の「何か」の意味でおなじみだが、名詞で「大した[すごい] 物[人]」という意味もある。

0243 ◁)) 0243

It doesn't matter.

何でもいいよ。

発音 イギリス英語では “イッ○ダズン○マタ”、アメリカ英語では “イッ○ダズン○メァラ” という感じ。

表現 この matter は動詞で「問題である、問題となる」。

0244 ◁)) 0244

It might be.

多分、そうかも。

発音 It も might も t を飲み込んで “イッ○マイッ○ビィ”。

表現 「多分」といえば、maybe もあるが、might be の方がさらに確信度が低い。

0245 ◁)) 0245

It takes time.

時間がかかります。

発音 takes と time の初めの t の音をはっきりと発音する。

表現 「～するのに時間がかかる」なら、後に to をつけて、It takes time to heal.（癒されるには時間がかかる）のように言う。

0246 ◁)) 0246

It worked out.

その件はうまくいったよ。

発音 worked out は一気に “ワークタウッ○” のように発音する。

表現 work out で「何とか解決する、うまくいく」。

0247 🔊 0247

It's a deal.

それでいこう。〔妥協点を見つけて〕

発音 It's a はくっついて "イッツァ"。deal の l は軽く流して "イツァディーォ"。

表現 deal（取引、取り決め、契約）から、It's a deal. は「取引成立」「それで決まり」「それでいこう」という意味になる。

0248 🔊 0248

It's a must.

それは絶対試してみるべきものだよ。

発音 must の "ア" の音は日本語の "ア" に近い。

表現 この must は名詞で「絶対必要なこと[もの]、なくてはならないもの、必需品」。

0249 🔊 0249

It's a pity.

それはかわいそうに。

発音 It's a はくっついて "イツァピティ"、もしくはアメリカ英語では t が濁って "イツァピディ"。

表現 この pity は名詞で「哀れみ、かわいそうなこと」。

0250 🔊 0250

It's about time.

そろそろ時間ですよ。

発音 It's と about はくっついて、about の t は飲み込むので "イツァバウッ○ターィム (m)"。

表現 about があるので「そろそろ」の意味が出る。

0251 0251

It's been ages.

久しぶりだね。

発音 It's been は "イツビンヌ"、ages は "エイジィズ (z)"。

表現 ages は「長い間」。It's been ages since I saw you last.（あなたを最後に見てからは長い間がありましたね）という意味が含まれている。

0252 0252

It's killing me.

ひどく痛いです。

発音 killing の g は飲み込まれて "キリンッ○"。

表現 この kill は「殺す」ではなく、「死ぬほど苦しませる、ひどい苦痛を与える」の意味。

0253 0253

It's my fault.

私のせいです。

発音 fault の l は軽く流して "フォーゥッ○"。

表現 単に、My fault. や My bad. とも言う。

0254 0254

It's no use.

無駄だよ。／意味ないよ。

発音 no のピッチを一番高くする。use は "ユース" と濁らない s 音で終える。

表現 use は「役に立つこと」。

0255 ◁)) 0255

It's on me.

私のおごりです。

発音 It's on はくっついて "イッツォン" のように聞こえる。

表現 on には「〜のおごりで」という意味がある。This is my treat. も同様。

0256 ◁)) 0256

It's very challenging.

挑戦のしがいがあるね。

発音 very は r、challenging は l の発音なので混同しないように注意。

表現 challenging は「挑戦しがいのある」。

0257 ◁)) 0257

It's worth it.

その価値はあります。

発音 worth は r の音を含みながら口をあまり開けずに伸ばす。worth の th と it はくっついて "ワース (th) ィッ"。

表現 It's worth a try.（やってみる価値はある）などの言い方もある。「やる価値がないよ」は It's not worth it.

0258 ◁)) 0258

It's your turn.

君の番だよ。

発音 It's your はくっついて "イッツョァ"。

表現「私の番です！」なら、It's my turn!

0259 🔊 0259

Join the club.

私たちと同じですね。

発音 club の l は舌を上の歯茎にべったり当てる“ラ”。u の“ア”の音は日本語の“ア”に近い音。

表現 直訳すると「クラブに加わる」から、「私も同じ」という意味になる。Welcome to the club. も同様。

0260 🔊 0260

Just a moment.

ちょっと待って。

発音 Just a はくっついて“ジャスタ”。moment は t を飲み込んで“モゥメンッ〇”。

表現 Just a second. や Just a minute. 同様、「ちょっとの間待ってて」という意味。

0261 🔊 0261

Just kickin' it.

特に何もしてなかったよ。

発音 Just の t は飲み込みで、kickin' it はくっつけて“キキニッ〇”。

表現「何をしてたの？」に対する返答として。

0262 🔊 0262

Keep in there.

頑張れ。／その調子だ。

発音 Keep と in はくっつくので“キーピンデー”もしくは“キーピンネー”。

表現 直訳すると「その状態の中で保って」から、今の調子で頑張れ、という意味になる。

0263 🔈0263

Keep it up!

今の調子を続けて。

発音 3 語が全てくっついて流れるように言うので “キーピダッ〇”。

表現 「そのまま続ける、最後まで頑張る、努力を続ける」の意味。似た表現に keep it on があるが、こちらは「スイッチなどをつけたままにしておく」の意味。

0264 🔈0264

Keep on trying.

そのまま努力し続けて。

発音 Keep on はくっついて “キーポン”。tr は “チュ” でうまく発音できるので trying は “チュアーイング”。

表現 keep on doing で「〜し続ける」。

0265 🔈0265

Keep your cool.

落ち着こうよ。／ まあまあ、そう取り乱さないで。

発音 Keep your はくっつけて “キーピュア”、cool は “クール” ではなく “クーォ” のように語尾を軽く流す。

表現 相手を落ち着かせよう、気を静めようとする時の定番表現。Remain calm. とも言う。

0266 🔈0266

Knock it off.

やめろ。／ 黙れ。

発音 3 語がくっついて流れるように言うので “ナーキダァフ (f)”。

表現 Stop it. と同じような意味で、「(今やっていることを) やめろ、よせ、黙れ」などの意味になる。

0267 0267

Know your place.

身の程を知れ。

発音 your は "ヨア" というよりは軽く "ヨ" くらいでよい。

表現 know one's place で「身の程を知っている」。

0268 0268

Leave me alone.

一人にしておいてくれ。／ うるさいな。〔まとわりつく相手をうるさがって〕

発音 Leave の v の音は飲み込まれる。

表現 直訳すると「私を一人のままにしておいて」から、「ほおっておいてくれよ」という意味で使われる。

0269 0269

Let it go.

放っておきましょう。／ 諦めましょう。

発音 Let it はくっついて it の t を飲み込むので "レリッ○"。

表現 直訳は「それが行くままにさせましょう」。

0270 0270

Let me check.

チェックしてみますね。

発音 Let me がくっついて "レッ○ミーチェック (k)"。

表現 Let me ～で「～させてください」。

0271 ◁)) 0271

Let me finish.

最後まで聞いてください。

発音 Let me はくっついて “レッ〇ミーフィニシュ”。

表現 話を途中でさえぎられたような場面で使われる。

0272 ◁)) 0272

Let me go.

もう行かなくちゃ。

発音 Let me はくっついて “レッ〇ミーゴウ”。

表現 そのまま「行かせて」と、手などを「放して」という意味になる。

0273 ◁)) 0273

Let me know.

知らせてね。／ 教えて。

発音 Let me はくっついて “レッ〇ミーノウ”。

表現 let someone know の形で、「～に知らせる」。Please let me know. と please がつくことも多い。

0274 ◁)) 0274

Let me see.

そうねえ。

発音 see は “シー” ではなく “スィー”。

表現 考えている間や、言葉を探す時などに使われる。

0275 🔈0275

Let me talk.

私に話させてください。

発音 Let me はくっついて“レッミィ”。talk は k を飲み込みで“トーッ〇”。

表現 具体的な話すテーマに触れる時は about ～ をつけるか、もしくは ～ about it. とするとよい。

0276 🔈0276

Let's face it.

現実を見よう。／直視しよう。

発音 face it はくっついて“フェイスィッ〇”。

表現 face は名詞の「顔」の意味でおなじみだが、ここでは動詞で「向かい合う、立ち向かう、直面する」。

0277 🔈0277

Let's get started.

さあ、始めましょう。

発音 get の t と started の ed の音は飲み込まれる。なお、started はアメリカ英語では“スターデッ〇”。

表現 この get は「～の状態にする」。「始める状態にしましょう」「さあ、始めましょう」と呼びかける掛け声。

0278 🔈0278

Let's talk sometime.

いつか話しましょう。

発音 Let's の ts は息を強く吐いてはっきりと。talk の k は飲み込んで。

表現 Let's meet and talk sometime. と言ったりもする。

0279 ◁)) 0279

Level with me.

率直に話してください。

発音 Level は "レベル" ではなく "レヴォー"。with me の th は飲み込んで "ウィッ〇ミィ"。

表現 level には「率直に話す」の意味もある。

0280 ◁)) 0280

Like it matters.

大げさだな。

発音 Like it はくっついて "ライキッ〇"。

表現 ここの matter は動詞で「重要である」なので、直訳すると「まるで重要であるかのようだな」。

0281 ◁)) 0281

Look who's here!

誰かと思ったら。

発音 Look と here を高く強く発音する。

表現 直訳すると「誰がここにいるか見てよ」から、「誰かと思ったらあなたね」や「ほら、お出ましだ」のような意味で使われる。

0282 ◁)) 0282

Look who's talking!

あら、誰のこと言ってるの？ ／ 人のこと言えるの？

発音 Look と talking を高く強く発音する。

表現 直訳すると「誰が話してるのか見てみろよ」だが、「君もそうだろ」「お前が言うなよ」という意味合いで使われる。

0283 ◁)) 0283

Maybe another time.

また次の〔別の〕機会にでも。

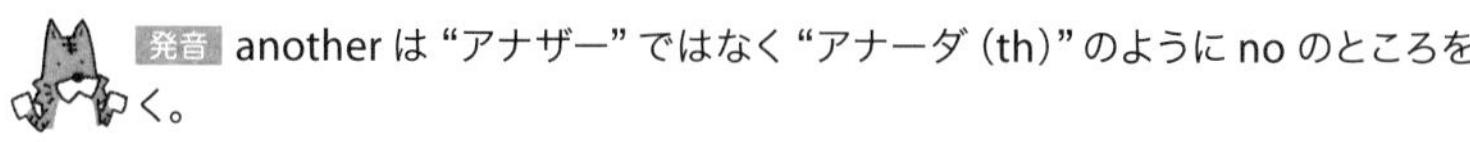

発音 another は “アナザー” ではなく “アナーダ（th）” のように no のところを強く。

表現 「今回はダメだけど、次の機会にね」という状況で使われる。Maybe some other time. も同様。

0284 ◁)) 0284

Maybe you're right.

多分、君が正しいのかもしれないよ。

発音 you're は軽く、re はほとんど聞こえず “ユ” でもよい。right は “ウ” の口から r をはっきり発音して。

表現 「君が正しい」と 100%断定しているわけではないけど、「多分正しいだろうね」という感じの表現。

0285 ◁)) 0285

Needless to say, ...

言うまでもないことだが…

発音 Needless の d ははっきり破裂させず “ニーッ〇レス” と飲み込むか、“ニールレス” のように流して発音する。

表現 文頭で「まず一言」という感じで使うことの多い表現。文の途中でなら、同じような意味で not to mention がよく使われている。

0286 ◁)) 0286

No hard feelings?

気を悪くしていない？

発音 hard の d を飲み込んで、feelings の f をしっかりと発音する。

表現 hard feelings は「苦い思い、悪感情、恨み」。

0287 ◁)) 0287

No thank you.

いいえ、結構。

発音 thank you はくっついて “テ（th）ェンキュ”。

表現 はっきりと断るような場面ではいいが、人が好意で食べ物などを勧めてくれているのに、これだけの返事だと失礼でぶっきらぼうな感じになる。その場合は Thank you, I'm okay[good]. のように言うといい。thank you は thanks でも同様。

0288 ◁)) 0288

Not at all.

全然そんなことないよ。／ どういたしまして。

発音 Not at all. はくっついて “ノタトー” または “ナラロゥ”。

表現 質問された時、「いいえ少しも」「全然そんなことはないよ」と答えたい時や、感謝されて「全然いいですよ」「どういたしまして」という意味合いで使われる。

0289 ◁)) 0289

Not for me.

私には合いません。／ 結構です。

発音 Not の最後の t は飲み込まれる。

表現 「私向きではないので不要です」「遠慮しときます」という意味の表現。

0290 ◁)) 0290

Now you know.

ばれたか。

発音 Now と know ははっきりめに発音する。

表現 直訳すると「今やあなたは知っています」から。

0291 ◁)) 0291

Now you're talking!

そうこなくっちゃ。／いいこと言うじゃないか。

発音 talking の g は鼻から抜けるような音になる。

表現 直訳では「今君が話している」だが、誰かがやっと自分の期待通りのことを言ったりやったりしてくれた時に「そうこなくっちゃ」という感じで使う。

0292 ◁)) 0292

Of course not.

もちろん違うよ。

発音 Of の f は濁らずに "フ (f)"。course の cour と、not にリズムの山を置いて。

表現 文字通り「もちろんないよ」ということ。

0293 ◁)) 0293

Oh my goodness!

えっ？／まあ！／何てこと！

発音 Oh と goodness の good にリズムの山がくる感じでメリハリをつけて。

表現 Oh, my god! の代わりに、God（神）の婉曲語である goodness を使って、驚き・感動・困惑などの感情を表す時の表現。

0294 ◁)) 0294

Only this time.

今度だけだよ。

発音 only は "オンリー" ではなく "オゥンリー"。

表現 語順を変えた This time only. も同様。

0295 ◁)) 0295

People will talk.

人の口に戸は立てられない。〔ことわざ〕

発音 People と will の l は軽く流して、talk の l は発音しない l なので "ピーポウォトーッ○"。

表現 直訳すると「人は話すものだ」。

0296 ◁)) 0296

Please come again.

またおいでください。

発音 come again は 2 語がくっついて "カマゲンヌ (n)"。

表現 自宅に客を迎えて別れる時などに使われる表現。

0297 ◁)) 0297

Please don't bother.

どうぞ気を使わないでください。

発音 don't の最後の t は飲み込みの○。bother は bo で喉を大きく開けて "ボダ" または "バダ"。

表現 この bother は「気にする、心配する」。

0298 ◁)) 0298

Please go ahead.

どうぞお先に。

発音 go と ahead がくっついて "プリィーズゴワヘッ○"。

表現 相手に先に話させる時だけでなく、道や順番を相手に譲る時の表現ともなる。

0299 🔊0299

Pull yourself together.

しっかりしろ。／落ち着け。

発音 Pull と yourself とくっつけて "プリョセォフ(f)"。

表現 直訳すると「自分自身をまとめて立て直せ」から pull oneself together の形で「立ち直る、自制心を取り戻す、落ち着く」という意味になる。

0300 🔊0300

Right on target.

的を得ているね。

発音 Right on は続けて "(ゥ)らイドンヌ(n)"。target の最後の t は飲み込みの音なので "ターギッ〇"。

表現 on target は「正しく目標に向かって、的確な」。right がそれを強調している。

0301 🔊0301

Run for it!

逃げろ！

発音 Run の r を強調して、for it は軽くつなげて "フォりッ〇"。

表現 run for it は「(危険などを避けるために) 急いで逃げる、逃げ去る」。

0302 🔊0302

Same as usual.

相変わらずだよ。

発音 全てくっつき "セイマジュージョ"。

表現 same as usual で「いつもと同じ、相変わらず」。

0303 ◁)) 0303

Same to you.

あなたもね。

発音 真ん中の to は “タ” と軽くすばやく発音。

表現 言われたことに、「あなたもね」と返す時の表現。The same to you. も同様に使われる。

0304 ◁)) 0304

Say no more.

わかったよ。／ これ以上言うな。

発音 3 語それぞれの強い箇所（Say の “エィ”、no の “オゥ”、more の “オー”）を感じながら発音する。

表現 直訳すると「それ以上言うな」から、「言わなくてもわかっているよ」という意味になる。

0305 ◁)) 0305

Seize the moment.

チャンスをつかめ。

発音 Seize は “スィーズ（z）”。moment は t を飲み込んで “モゥメンッ○”。

表現 seize the moment で「きっかけ[チャンス] をつかむ」。

0306 ◁)) 0306

Shame on you.

恥を知れ。／ みっともない。

発音 on you は続けて “オニュ”。

表現 相手が何か悪いことをやった時などに、「恥ずかしいよ」「みっともないな」というニュアンスで言う。

0307 🔊0307

Something came up.

ちょっと用件［予定］が入ってしまって。

発音 came up はくっついて、さらに最後の p は飲み込んで “ケイマッ〇” のような感じ。

表現 はっきり具体的な説明なく、「急に都合が悪くなった」と言う時の表現。この come up は「発生する、起きる」。

0308 🔊0308

Something like that.

とか。／そんな感じ。

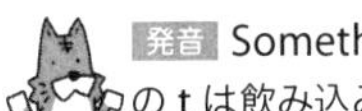

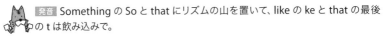

発音 Something の So と that にリズムの山を置いて、like の ke と that の最後の t は飲み込みで。

表現 「だいたいそんな感じ」とぼやかして言う時の表現。

0309 🔊0309

Stay right here.

ここにいてね。／動かないでね。

発音 right の r 音に気をつけて “スティらイッ〇ヒア”。

表現 Stay here. と同じだが、right があると「ちょうど（ここに）」と、意味が強調される。

0310 🔊0310

Stay with me.

そばにいて。

発音 with の th は舌の先を上の前歯に軽く当てるだけでほとんど言わず me に飛ぶので “ウィッ〇ミィ”。

表現 「行かないで［離れないで］私と一緒にいて」という言い方。

0311

🔊0311

Stick to it.

食らいついていけ。

発音 Stick の k と it の t は飲み込まれるので、“スティッ○トゥイッ○”。

表現 stick to it で「頑張る」。

0312

🔊0312

Stop kidding me.

からかうのはやめてよ。

発音 kidding me は “キディンッ○ミー”。

表現 kid は「からかう、冗談を言う」。同様な表現に Don't kid me. や No kidding. などがある。

0313

🔊0313

Take a chance.

当たって砕けろ。

発音 Take a はくっついて “テイカ”。

表現 take a chance で「いちかばちかやってみる」。

0314

🔊0314

Take it easy.

無理しないでね。／くよくよするな。／じゃあまたね。

発音 3 語流れるように一気に “テイキディーズィ” のように発音する。

表現 take it easy は「肩の力を抜く、無理しない」。別れる時のあいさつ代わりにも使われる。

0315 ◁)) 0315

Take it outside.

表に出ろ。／ ケンカは外でやれ。

発音 Take it はくっついて "テイキッ〇アウッサーィッ〇"、もしくは it と outside もくっついて "テイキダウッサーィッ〇"。

表現 直訳すると「それは外に持っていけ」から、「ケンカなどは表へ出てやれ」という意味になる。

0316 ◁)) 0316

Take your time.

ゆっくりどうぞ。／ 急がなくていいよ。

発音 Take your はつなげて "テイキョ"。

表現 「時間をかけて、ゆっくり焦らずやっていいですよ」と言う時の表現。

0317 ◁)) 0317

Thank you anyway.

とにかくありがとう。

発音 Thank you はくっついて "テ（th）ェンキュ"。

表現 anyway（とにかく）があるのは、相手に誘われたのに自分は行けなくて断る、あるいは、相手に求めたことがダメだった、など何かがあったから。

0318 ◁)) 0318

That is ridiculous.

ばかばかしい。

発音 ridiculous のディ（di）を強く発音する。

表現 ridiculous は「ばかばかしい、おかしい、滑稽な」。

0319 ◁)) 0319

That makes sense.

なるほど。／ それで意味が通る。

発音 makes の s と sense の初めの s は一緒になる。

表現 make sense で「意味をなす、筋が通っている、つじつまが合う」。

0320 ◁)) 0320

That reminds me.

それで思い出した。

発音 reminds は mi を強く発音して “マァイ” の音がはっきり聞こえる感じにする。

表現 直訳すると「それが私に思い出させた」。相手の発した言葉などで、何かを思い出したような場面で使われる。なお、具体的に思い出した内容は of ～ でつけ加える。

0321 ◁)) 0321

That settles it.

それで話は決まりだ。

発音 settles it はくっついて “セトズィッ○” もしくは settle の tt が濁って “セロズィッ○”。

表現 この settle は「(問題・もめ事など) 解決する、和解させる、決着をつける」。

0322 ◁)) 0322

That'll be fine.

いいですよ。

発音 That'll be はくっついて “ダ (th) ォビ”。

表現 That'll は That will の省略形。

0323 ◁)) 0323

That'll help you.

きっとそれは役に立ちますよ。

発音 That'll は "ダ (th) ロゥ"。help you はくっついて "ヘォピュ"。

表現 That'll help. だけの場合もある。

0324 ◁)) 0324

That's a lie!

それはうそだ！

発音 lie の l は舌の先を上の歯のつけ根に当てる "ラ"。

表現 You are lying. も同様だが、英語で lie（うそ；うそをつく）は結構強い失礼な言葉になるので注意する。That's not true. の方が柔らかい。

0325 ◁)) 0325

That's a no-no.

それをやっちゃだめよ。

発音 no-no は "ノォウノォウ"。"オゥ" の二重母音に注意。

表現 この no-no は名詞で「やってはいけないこと、禁じられたもの」。

0326 ◁)) 0326

That's a shame.

それは残念ですね。

発音 That's a はくっついて "ダ (th) ーツァ"。

表現 shame は「恥」の意味の他に、「残念なこと、遺憾」という意味がある。

0327 ◁)) 0327

That's about it.

そんな感じです。

発音 about it はくっついて、さらに最後の t は飲み込まれるので "アバゥディッ○"。

表現 about があるので、「だいたいまあそんな感じです」と、曖昧に話をまとめるような場面で使われる。

0328 ◁)) 0328

That's beyond belief.

信じられない。

発音 beyond は o を強く発音する。

表現 beyond belief で「信じられる範疇を超えている」。

0329 ◁)) 0329

That's for sure.

それは確かですよ。

発音 That's と sure にリズムの山を置いて、That's の ts や sure の su では息を強く吐く。

表現 for sure で「確実に、確かに」。

0330 ◁)) 0330

That's good news.

それは良い知らせだね。

発音 news は "ニュース" ではなく "ニュウズ" と濁る。

表現 news は -s で終わっているが不可算。

0331 　　◁)) 0331

That's not fair.

そんなの不公平だよ。

発音 3 語ともはっきり発音して “ダツナッ〇フ (f) ェー”。

表現 この fair は形容詞で「公平な、公正な、偏りのない」。

0332 　　◁)) 0332

That's not right.

それは間違っている。

発音 not と right の最後の t は飲み込まれる。

表現 right にはたくさんの意味があるが、ここでは形容詞「正しい」の意味。

0333 　　◁)) 0333

That's so funny.

それウケる。／ おもしろい。

発音 so “ソゥ” にリズムの山を置く。

表現 funny は「おかしい、面白い、滑稽な」。

0334 　　◁)) 0334

That's the idea.

そう、そういう感じ。

発音 That's の tha と、idea の de に山がくる感じで “ダ (th) ーツディ (th) アィディーア”。

表現「考えとしてはそういうこと」という感じ。

0335 ◁)) 0335

That's the question.

そこが問題だ。

発音 q で綴る時の発音は kw なので w でしっかりと唇をすぼめて "クウェスチョン"。

表現 question の代わりに problem も使われる。

0336 ◁)) 0336

That's the spirit!

その意気だ。／頑張れ！

発音 That's の tha と spirit の pi にリズムの山を置いて、spirit の t は飲み込む。

表現 このspiritは「気迫、意気、勇気、気力」などの意味。相手が頑張っている時に「その意気だ！」という感じで使われる。

0337 ◁)) 0337

That's too bad.

それは気の毒に。

発音 3 語全てはっきり発音する。bad の a は口角を横に引いて強く伸ばし気味に発音。

表現 相手に同情して「残念だったね」「大変だったね」という感じで使われる。That's a shame. も同様。

0338 ◁)) 0338

That's too much.

それはやりすぎだ。／度を越している。

発音 too と、much の "マ" は、はっきり強めに発音する。

表現 数えられないもの（量・額・度合い）が過剰にあるという場面で使われる。

0339 0339

That's what counts.

そこが大事なところ。

発音 what の最後の t は飲み込む。

表現 count は「数を数える」の意味でなじみがあるが、「重要である、肝心である」という意味もある。

0340 0340

The party's over.

パーティーは終わった。／お遊びは終わりだ。

発音 party はアメリカ英語だと “パーリー” または “パーディー”。

表現 over は「終わって、終了して、おしまいになって」。

0341 0341

There you are.

それでいいんだ。／その調子。／そらまた始まった。

発音 There は高いピッチで発音する。

表現「あ、いたいた！」「来たね」と誰かを見つけた時や、相手が何かをすることができた時に「それでいいよ」「その調子」というような場面、あるいは、相手が前にもやった何か嫌なことを始めたら「またかよ」という感じでも使われる。

0342 0342

There's no hope.

絶望的だよ。

発音 hope は “ホープ” ではなく、“ホゥッ〇” と “オゥ” の音が含まれているのを意識する。

表現 文字通り「希望はない」から「絶望的だ」という意味で使われる。

0343 ◁)) 0343

There's no hurry.

急ぐことはないよ。

発音 hurry は、hur の部分で r の音が含まれ、ry ではっきり r の "り" の音もあるので、こもるような音が続く。

表現 You needn't hurry. と同様。

0344 ◁)) 0344

There's no way.

そんなはずはないよ。

発音 no と way、どちらも強くはっきりしっかりと発音する。

表現 way は「道」や「方法」の意味。

0345 ◁)) 0345

Things are good.

事はうまくいっている。

発音 Things と are はくっついて "ティ（th）ィングザァ"。そして good の d の音は飲み込んで "グーッ○" のように発音。

表現 things は複数形で「状況、事情、事態」。

0346 ◁)) 0346

This can wait.

これは後でいい。

発音 This と wait にリズムの山を置いて。wait の t は飲み込む。

表現 直訳すると「これは待つことができる」から、「急でないから後でいい」という意味になる。

0347 🔊0347

This is it!

（必要なのは）まさにこれだ！ ／ これで最後だ。

発音 3 語一気に “ディスィズィッ○”。

表現 「まさにこれだ」という意味や、マイケル・ジャクソンが、ロンドン公演が最後になる、という意味で言っていたことで有名な「これが最後だ」、また、何かの前に気合いを入れる場面で使われる「いよいよ（本番）だね」など、様々な意味になる。

0348 🔊0348

This is terrific.

これは素晴らしい。

発音 terrific は真ん中の rri を一番強く発音する。r の音にも注意。

表現 terrific は awesome や magnificent 同様「素晴らしい」という意味。

0349 🔊0349

Time will tell.

そのうちにわかるよ。

発音 will の最後の l も、tell の最後の l も軽く流して “タィモーテォ”。

表現 直訳すると「時間が教えてくれるだろう」。「時期が来れば、そのうちわかるよ」という意味。

0350 🔊0350

To be honest, ...

正直に言うと…

発音 To be は軽く、honest にリズムの山を置いて。

表現 To be honest with you のような言い方もある。

0351 　　　　0351

Try it again.

もう一度やってごらん。

発音 Try it again は一気に言うと “チュらイダゲンヌ (n)”。

表現 try は「やってみる、試みる、しようと努力する」。

0352 　　　　0352

Use your brains.

頭を使えよ。

発音 Use your はくっついて “ユージョ”。

表現 Use your head. も同様。

0353 　　　　0353

Wait a moment.

ちょっと待って。

発音 Wait a はくっついて “ウェイタ” または “ウェイダ”。

表現 wait a moment は wait a minute 同様「ちょっと（少し）待つ」。

0354 　　　　0354

Wait for me!

待っててよ。

発音 Wait の t は飲み込んで、for は f をメインに “ウェイッ〇ファ (for) ミィ”。

表現「玄関のところで待ってて」なら、Wait for me at the front door.

0355 0355

Watch your mouth.

言葉に気をつけなさい。

発音 Watch your はくっついて“ウォーチョ”。mouth の th に気をつける。

表現 Watch your language[words]. もある。

0356 0356

Watch your step.

足元に注意してね。

発音 Watch your はくっついて“ウォーチョ”。

表現 step は「足の運び、歩み、一歩」。

0357 0357

Way to go!

よくやった！ ／ やったー！

発音 Way to はくっついて“ウェィドゥ”または“ウェィダ”。

表現 直訳は「行く道」だが、「よくやった」「でかした」「いいぞ」と相手を褒める表現としてよく使われている。

0358 0358

We're all set.

私たちはすっかり準備できています。

発音 all の l は軽く流して“オー”。set の最後の t は飲み込むので“ウィオーセッ○”。

表現 all set で「すっかり用意[準備]ができて、準備万端で」。

0359　◁)) 0359

Well, well, well.

まあ、まあ、…。

発音 well の最後の l は軽く流して “ウェォ”。ピッチは一つ目の Well が一番高く、だんだん下がってくる。

表現 予想外のことが起こったり、思いがけない人が現れた、というような場面で、「おやおや、これはこれは驚いたね」という感じで使われる。

0360　◁)) 0360

What a coincidence!

すごい偶然だね！

発音 What a は “ワタ” もしくは “ワラ”。coincidence は in にアクセントで “コウィンスィデンス (s)”。

表現 coincidence は「(偶然の) 一致」。

0361　◁)) 0361

What a day!

なんて日だ！

発音 What a はくっついて “ワタ” あるいは “ワラ”。

表現 良いことがあっても、悪いことがあっても使う。どんな日だったのかは、day の前に、wonderful, great, rough など適切な形容詞を入れればよい。

0362　◁)) 0362

What a relief!

ああ、ほっとした。

発音 relief は r と l それぞれの発音に気をつける。

表現 relief の動詞形を使った I'm so relieved.（本当に安心しました）も同様。

0363 ◁)) 0363

What a surprise!

ああびっくりした！

発音 surprise の pri "プら" のところで音を高く。

表現 思いがけず誕生日などを祝ってもらったり、懐かしい人とばったり会った時などに使われる。

0364 ◁)) 0364

What a waste!

もったいないな。

発音 waste は、最後の t は飲み込みでもよいが、s は強く（息を強く吐く）。

表現 waste は「浪費、無駄」。

0365 ◁)) 0365

What on earth?

どうなってんの？

発音 What on はくっついて "ワトン" もしくはアメリカ英語では "ワロン"。earth は、初めの ear は口をあまり開けずに曖昧な "ァー"。

表現 ここでの on earth は文字通りの「地球上で」ではなく、「一体（全体）」の意味で、疑問の強意語として使われる。in the world も同様の用法。

0366 ◁)) 0366

What's going on?

どうなってるの？

発音 going on はくっついて "ゴウィンゴーン" だが、ng は鼻にかかるような音になることに注意。

表現 直訳の「何が進行中なの？」から「何が起こってるんだ？」「どうなってるの？」。あるいは、カジュアルなあいさつで「調子どう？」「元気？」くらいの意味合い。

0367 ◁)) 0367

What's it like?

それはどんなものですか?

発音 What's it like は一気につなげて "ワッツィッ○ライッ○"。

表現 「それってどんな感じ?」と聞く時の表現。後に続けて、What's it like to work with such celebrities?（そんなセレブと仕事するって、どんな感じ?）のようにも使われる。

0368 ◁)) 0368

What's so interesting?

何がそんなに面白いの?

発音 What's の ts も so の s も息を強く吐いて。

表現 What's は What is の省略。

0369 ◁)) 0369

What's the matter?

どうしました? ／ どこか具合悪い?

発音 matter は "マタ" あるいは "メァラ"。

表現 matter は名詞で「状況、問題」。「どうかしましたか?」「大丈夫ですか?」「具合が悪いのですか?」のように心配して聞く時の言葉。What's wrong? も同様に使われる。

0370 ◁)) 0370

What's the problem?

どうしたの? ／ 何が問題なの?

発音 problem は pro であくびのように喉をよく開いて "プろーヴェム" または "プらーヴェム"。

表現 相手を心配して「どうしたの?」というような場面や、話を聞いた上で「そんなの問題じゃないじゃん」「それのどこが問題なの?」という感じで使われることもある。

0371 0371

What's the rush?

何を慌ててるの？

発音 th の発音が苦手な場合は the は“ザ”ではなく“ダ”と発音すると言いやすい。

表現 What's the hurry? も同様。

0372 0372

Where was I?

ところで、どこまで話したっけ。

発音 was I は続けて“ワザィ”。

表現 直訳すると「私はどこにいましたっけ？」。話している最中で、「どこまで話しましたっけ」という意味になる。Where were we? もある。

0373 0373

Why is that?

なぜそうなの？

発音 Why is を一緒に“ワーィズ（z）”のように言ってから、tha の音をはっきり発音する。“ワーィダーッ○”の感じ。

表現 「それはなぜ？」と理由を聞く時の表現。

0374 0374

Will this do?

これで間に合いますか？

発音 Will の最後は軽く“ゥ”で“ウィゥ”、this は th の発音に注意して強く発音する。

表現 この do は「する」ではなく、「役に立つ、間に合う」の意味。

0375 🔊 0375

Wouldn't you agree?

あなたもきっと賛成でしょう？

発音 Wouldn't you は続けて "ウドゥンチュ"。

表現 Don't you agree? と似ているが、wouldn't you だと「きっとあなたもそうでしょう?」と仮定・想像しているニュアンスがある。

0376 🔊 0376

You did it.

やったね。

発音 did it はくっついて "ディディッ○"。

表現 これは相手の成功を褒める言葉だが、again をつけて You did it again! とすると「またやったのか！」と逆にたしなめる表現になる。

0377 🔊 0377

You don't say.

まさか。／だと思ったよ。

発音 don't の t は飲み込んで、最後の say を高めにはっきり発音する。

表現 会話の相づちで、ちょっと驚いたような場面で使われる。また、皮肉っぽく「そりゃ見ればわかるよ」や「もう知ってるよ」などの意味でもよく使われている。

0378 🔊 0378

You got it.

了解。

発音 got it はくっつくので "ユーガディッ○"。

表現 何かを頼まれて、その件を承諾するような場面で使う。

0379

🔊 0379

You got me.

やられた！

発音 got の t は飲み込まれるので “ガッ○ミー”。

表現 直訳すると「君は私を捕まえた」。「一本取られた」「参った！」というような感じで使われる。

0380

🔊 0380

You know what?

ねえ聞いてよ。

発音 what の最後の t は飲み込まれるので “ユノウワッ○”。

表現 You know something? もある。

0381

🔊 0381

You look tired.

お疲れですね。

発音 look の k は飲み込みで “ルッ○”。

表現 look は「（主語が）～に見える」。

0382

🔊 0382

You made it.

やったね。／間に合ったね。

発音 made it はくっついて “メイディッ○”。

表現 この make は「成功する」と「間に合う」という意味になる。

0383 🔊0383

You name it.

どんなものでも。／ なんでも言ってみて。

発音 name it はくっついて “ネイミッ〇”。

表現 この name はおなじみの名詞の「名前」ではなく、動詞で「示す、挙げる、～の名前を挙げる」。

0384 🔊0384

You never asked.

聞かなかったじゃない。

発音 asked はの a は口角を横に引いて強く “アー”。また、最後の sked は skt と発音し、母音を入れないように気をつけて息を強く吐く。

表現 You didn't ask. 同様、「聞かなかったじゃない。（だから言わなかったんだよ）」のような感じで使われる。

0385 🔊0385

You never know.

どうなるかわからない。

発音 never の ne と know の kno にリズムの山がくる。

表現 you never know で「先のことは（やってみないと）どうなるかわからないよ」。

0386 🔊0386

You poor baby.

かわいそうに。

発音 だんだん音階が下がるような感じで言う。

表現 poor は「貧しい」の他に、「かわいそうな」という意味があり、Poor soul. / Poor you. / Poor 名前 . のような使い方をすることがある。

0387 ◁)) 0387

You surprised me.

驚かさないでよ。

発音 surprised は pri “プら” のところで音を高く、d は飲み込んでよいので、“ユサプらィズッ○ミ”。

表現 ちょっと唐突だったり、びっくりするような話を相手がした時に使われ、surprise の代わりに startle という動詞もよく使われる。

0388 ◁)) 0388

You tell me.

こっちが聞きたいよ。

発音 tell は “テル” ではなく語尾を軽く流して “テォ” という感じ。

表現 何かが「わからない」時に「全くわからないよ」「こっちが聞きたいくらいだよ」の意味で使われるが、相手に「あなたには当然わかるでしょ」という意図でも使われることがある。

0389 ◁)) 0389

You'll be sorry.

後悔するよ。

発音 You'll は “ユール” ではなく “ユォ”。

表現 「後悔することになるよ」と何らかの忠告をする時や、「後で後悔するぞ」「覚悟しておけ」と脅すような場面で使われる。

0390 ◁)) 0390

You're getting closer.

近くなってるよ。

発音 getting は tt の部分が濁って “ゲティン” または “ゲディン”。closer の s は濁らずに “クロゥサー”。

表現 get close で「近づく、接近する、親しくなる」。

0391 ◁)) 0391

You're telling me.

ほんとに君の言っている通りだよ。

発音 telling の ng は鼻から抜いて。

表現 「言われなくてもわかっているよ」という意味でも使われる。

Column 03

チャンク・ストリーミングに挑戦しよう❸

相手との関係や話し方にうまく合わせ、話の流れをスムーズに作れるかどうかが鍵となります。まずは３～４往復くらいのやりとりに慣れることを目標にしましょう。

（　）の数をヒントに英語にしてみてください。

※【　】内の数字は本書収録（またはその応用）のフレーズ番号です。

A: あら！ボブ、①今のところ調子はどう？

Hi there! How's your day going ① (　　) (　　), Bob?

B: まあまあだよ、聞いてくれてありがとう。サル、君のほうはどう？

Not bad, thanks for asking. How's with you, Sal?

A: 結構いい感じでやってるわよ。ただ、仕事に集中するのがなかなか大変。

Pretty good. Just trying to stay productive.

B: ②そうだよね、わかるよ。時々、つい集中力が切れちゃうんだよね。

② (　　), I know what you mean. It's easy to get distracted sometimes.

A: ③そうなのよね。④じゃあ、またね、ボブ。

③ (　　) (　　). ④ (　　), have a good one, Bob!

B: ⑤うん、またね、サル。

⑤ (　　) (　　) (　　), Sal.

① so far【0994】 ② Uh-huh【0027】 ③ That's right【0107】 ④ Well【0028】
⑤ Catch you later【0147】

4語で話そう

まだまだ、たくさんあります。覚えておきたい便利なフレーズ。必ず口で発音しながら練習しよう！

学習フレーズの例：I'm all for it.「それは賛成だ」/ It's up to you.「あなた次第です」/ You made my day.「うれしいことを言ってくれるね」

0392　🔊0392

Are we almost there?

もうそろそろそこに着きますか？

発音 almost の t は飲み込んで "アゥィオーモスッ○デ (th) ャ"。

表現 there（そこ）は、目的地や目標を指す。

0393　🔊0393

Are you in trouble?

何か困ったことがあるのですか？

発音 trouble は "トラブル" ではなく "チュァボー"。

表現 Are you having any trouble? も同様。

0394 ◁)) 0394

Are you with me?

理解していますか?

発音 with の th は難しければここでは飛ばしても大丈夫。その場合 "アユウィッ○ミ" のようになる。

表現 直訳は「私と一緒にいる?」から、「わかりますか?」「ちゃんとついてきてる?」という意味になる。

0395 ◁)) 0395

As if I care!

かまうもんか!

発音 As if I はくっついて "アズィフ (f) ァイ"。

表現 直訳は「まるで私が気にしているかのようだな」。

0396 ◁)) 0396

Bear in mind that ...

…ということを心に留めておいてください。

発音 Bear in はくっついて "ベァリン"。

表現 bear ~ in mind で「心に留める」。

0397 ◁)) 0397

Believe it or not ...

信じられないかもしれないけど…

発音 believe と it、it と or はくっついて、not の t を飲み込んで "ビリーヴィトァノッ○" もしくは "ビリーヴィドァナッ○"。

表現 Whether you believe it or not の省略。

0398 🔊 0398

Better luck next time.

次はうまくいくよ。

発音 next の最後の t と time の最初の t はくっつくので “ネクスタイム (m)”。

表現 失敗した人に「次はもっとうまくいくよ」と励ますような場面で使われる。

0399 🔊 0399

Better now than never.

今さらでもやらないよりはましだよ。

発音 than の n と never の n は一つにしてしまってよいので “ダネヴァ”。

表現 Better to do it now than never to do it. が省略されたと思えばよい。

0400 🔊 0400

Can you believe that?

そんなの信じられる？

発音 believe を強調する感じで発音する。とりわけ lie を長く。

表現「本当に？」「そんなの信じられる？」と驚くような場面で使われる表現。

0401 🔊 0401

Dare I say it ...

あえて言わせてもらうと…

発音 Dare I はくっつけて “デァらイ”。say it もくっつけて “セィイッ○”。

表現 dare は「あえて〜する」。

0402 ◁)) 0402

Do as you like.

勝手にしなさい。

発音 as you は軽く滑らかに “アジュー” のような感じで発音する。

表現 Do as you please. も同様。

0403 ◁)) 0403

Do you follow me?

わかりますか?

発音 Do you は軽く、follow の f と l の発音に注意。

表現 follow（従う、後について行く）から、「私の話についてきていますか?」「わかりますか?」という意味になる。

0404 ◁)) 0404

Do you hear me?

聞こえますか？ ／ 言ってることがわかりますか？

発音 hear は “ヒ” としっかり発音し、後の “ア” は力を抜いて軽く発音する。

表現 Can you hear me? だと、接続が悪くて音声が聞き取れないような場面で「聞こえますか?」という感じでよく使われる。

0405 ◁)) 0405

Don't give me that.

そんなことを言わないで。

発音 Don't の t は飲み込みで、give me はくっついて “ギミ”。

表現 that が相手が言った内容を受けている。

0406 ◁)) 0406

Don’t lose your head.

うろたえるな。

発音 lose your はくっついて “ルーズョ”。

表現 lose one’s head で「気が動転する」。

0407 ◁)) 0407

Don’t make me laugh.

笑わせないで。／ばかなことを言わないで。

発音 Don’t の t、make の k は飲み込みで。

表現 make 人 laugh で「(人を) 笑わせる」。

0408 ◁)) 0408

Don’t work too hard.

あんまり無理するなよ。

発音 Don’t の t と work の k は飲み込んで、too のピッチを一番高く。

表現 直訳すると「働きすぎないで」から、「無理しないでね」という意味で使われる。

0409 ◁)) 0409

Don’t you think so?

そう思いませんか？

発音 think の th の発音に気をつけて。難しい場合は “スィンク” よりも “ティンク” で。

表現 Don’t you agree? と同様に、相手の賛同を求めるような場面で使われる。

0410 🔊0410

Everything'll be all right.

全てうまくいくよ。

発音 Everything'llのwillの短縮形'llの部分は"ォ"のような、弱い音。"エヴィティンゴォビオーゥらィッ〇"。

表現 Everything'll work out fine. とも言える。

0411 🔊0411

For crying out loud.

お願いだから(やめてくれ)。/おやまあ。

発音 crying outはくっついて"クらインガウッ〇"。

表現 何かを頼む時に「お願いだから」、または、いらだちを感じながら「いい加減やめろよ」というような感じで使われる。

0412 🔊0412

Get out of here.

ここから出ていけ。/うそでしょ?

発音 Get out ofはくっついて"ゲタゥトヴ"もしくは"ゲラゥラ"。

表現 直訳の「ここから出ていけ」もあるが、誰かが何かを言ったことに「うそでしょ?」「まじで?」のようなカジュアルな感じで言うことも多い。

0413 🔊0413

Give me a break.

勘弁してよ。

発音 Give me aはくっついて"ギミァ"。

表現 直訳すると「私に休みをくれ」だが、「いいかげんにしてよ」「勘弁してよ」というような意味で使われる。

0414　◁)) 0414

Go easy on me.

お手柔らかに。

発音 Go easy はくっついて "ゴウィーズィ"。

表現 go easy on で「手加減する」。

0415　◁)) 0415

Have a good time!

楽しんでね。

発音 Have a はくっついて "ハヴァ"。good と time はくっついて "グッ〇タイム(m)"。

表現 直訳すると「良い時間を持ってください」から、「楽しんできてね」と相手を送り出すような場面で使われる。

0416　◁)) 0416

Have a nice day!

良い日を過ごしてね。／いってらっしゃい。

発音 Have a はくっついて "ハヴァ"。

表現 Have a nice weekend! なら「楽しい週末を！」。

0417　◁)) 0417

Here is the thing.

つまりね。／要するにね。

発音 Here is はくっついて "ヒァズ"。the thing は th の発音に気をつけて "ダティング (ng)"。

表現 大事なことなどを言う時の前に使う表現で、「つまり、こういうことだよ」の意味。

0418

How can I say ...

0418

何て言ったらいいかなぁ…

発音 Can I はくっついて “キャナーイ”。

表現 言いよどんだ時に間を埋めるためにに使う言葉。

0419

How do you know?

0419

どうしてわかるの？ ／ どうしてそんなことが言えるの？

発音 you をはっきりめに発音する。

表現 「どうして知っているの？」「どうしてわかるの？」と聞く時の表現。

0420

How have you been?

0420

お元気でしたか？

発音 have you は弱く速く流すので “ハゥァビュビン”。

表現 How are you? は今の調子を聞くが、しばらく会わないで時間が経過している場合はこのように現在完了形を使って聞く。

0421

How kind of you!

0421

まあ、ご親切にどうも。

発音 kind of you はくっついて “カインドヴュ”。

表現 How sweet of you! も同様。

0422 ◁)) 0422

I beg your pardon?

ごめんなさい。／ もう一度おっしゃってください。／ 失礼ですが。

発音 beg の be と、pardon の par にリズムの山がくる。最後は語尾を上げる。

表現 とても丁寧な言い方。でも、誰かが言ったことが聞き取れなかった時は、Excuse me? / I'm sorry?（あるいは単に Sorry?）/ What did you say? / Can you say that again? などの表現の方が実際は多いかもしれない。

0423 ◁)) 0423

I can explain everything.

全部説明できます。

発音 explain は後半の lain を強く発音するので、“レイン”がはっきり聞こえる。everything の最初の e もはっきり発音する。

表現 何かまずいことがばれた時などに、「訳があるんだ」「何でもないんだ」「説明できるよ」という感じで言い訳するような場面で使われる。

0424 ◁)) 0424

I can't follow you.

おっしゃることがよくわかりません。

発音 can't の最後の t は飲み込まれる。

表現 この follow は「話についていく、理解する」の意味。

0425 ◁)) 0425

I can't hear you.

聞こえません。

発音 can't の最後の t は飲み込まれる。hear の he が一番高い音になる。

表現 誰かの話が、声が小さかったり遠くて、もっとはっきり大きな声で言ってもらいたいような場面で使う表現。

0426

I can't help it.

0426

しょうがない。

発音 can't の最後の t は飲み込まれる。help it はくっついて “ヘォピッ○”。

表現 help は「助けになる、避ける、制する」。過去形で「私はそれを避けられなかった → どうしようもなかった」なら、I couldn't help it.

0427

I can't stand it.

0427

もう我慢できない。

発音 can't のと stand の強い “ア” は口角を横に引いて長めにはっきりと。it と can't の最後の t の音は飲み込まれる。

表現 stand は「我慢する」。

0428

I can't take it.

0428

もう我慢できないよ。

発音 can't の最後の t は飲み込まれる。take it はくっついて “テイキッ○”。

表現 I can't stand[bear] it. も同様。

0429

I couldn't care less.

0429

全く気にならない。

発音 couldn't の t は飲み込んで “クドゥンッ○”。

表現 直訳は「これ以上気にしないことはできない」。

0430 🔊0430

I did it again.

またやっちゃった。／ 失敗しちゃったよ。

発音 did と it と again がくっついて“アィディディタゲーンヌ (n)”もしくは“アィディディダゲーンヌ (n)”。

表現 文字通り「私は再びそれをやってしまった」ということ。

0431 🔊0431

I didn't know that.

そりゃ初耳だ。

発音 didn't の最後の t は飲み込まれ、“ディディン”またはもっと速く“ディン”と聞こえることもある。

表現「私はそれを知らなかった」「初耳だ」という意味で使われる。

0432 🔊0432

I didn't mean that.

そんなつもりじゃなかったんです。

発音 didn't の最後の t は飲み込まれ、“ディディン”またはもっと速く“ディン”と聞こえることもある。

表現「そういう意味はなかった」「そのつもりはなかった」という意味で使われる。

0433 🔊0433

I disagree with it.

私は反対だ。

発音 disagree は最後の ree を強く発音し、with it はくっついて“ウィデ (th) ィッ〇”。

表現 disagree (同意しない、反対する) の反対語は、agree (同意する)。

0434 0434

I don't feel comfortable.

どうもしっくりこないんだ。

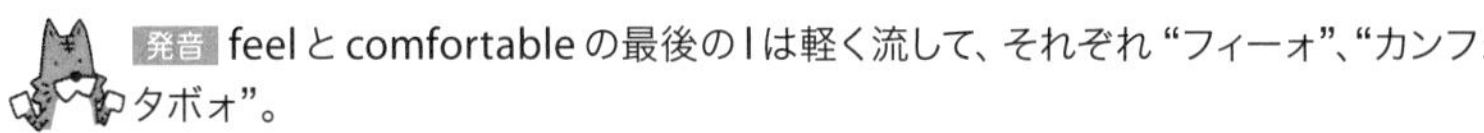

発音 feelとcomfortableの最後のlは軽く流して、それぞれ“フィーォ”、“カンフォタボォ”。

表現 feel comfortableで「心地よく感じる」。

0435 0435

I don't get it.

理解できません。

発音 don'tの最後のtは飲み込まれる。get itはくっついて“ゲディッ○”。

表現 このgetは「（相手の言ったことなどを）理解する」という意味。

0436 0436

I don't know why.

なぜだか知らないけど。

発音 don'tの最後のtは飲み込まれる。

表現 whyの後に具体的な内容がくる形も多い。例：I don't know why he quit his job.（彼がなぜ仕事を辞めたのかわからない）

0437 0437

I don't like it.

どうかと思うよ。〔相手の提案などを暗に否定して〕

発音 don'tの最後のtは飲み込まれる。like itはくっつき、最後のtは飲み込まれるので、“ライキッ○”。

表現 「気に入らない」「嫌だ」という意味。

0438 ◁)) 0438

I don't think so.

そうは思いません。／ 違うと思います。

発音 通常は don't で一番ピッチが高くなるが、「（他の人にはわからないが）私は」というニュアンスの時は I で一番ピッチが高くなる。

表現 相手の意見に反対する時、No. You are wrong. などと言ってしまうのは直接的で失礼だが、I don't think so. と言えばちょっと婉曲的で柔らかく聞こえる。

0439 ◁)) 0439

I feel like crying.

泣きたいくらいだよ。

発音 feel の最後の l と、like の最初の l の違いに注意。"フィーォライッ〇"。

表現 feel like で「〜したい気分である」。

0440 ◁)) 0440

I got the message.

（言いたいことは）わかりました。

発音 got の最後の t は飲み込まれるので got the で "ゴッタ" または "ガッダ"。

表現 直訳は「メッセージを受け取りました」だが、「あなたの気持ちや言いたいことはわかりましたよ」と伝える時に使われる。

0441 ◁)) 0441

I had a hunch.

虫の知らせだったんだ。

発音 この hunch の u "ア" は日本語の "ア" とよく似た音で、一瞬驚いた時に「あっ」と出る音。

表現 hunch は「予感、勘、虫の知らせ」。

0442

0442

I have no idea.

全くわかりません。

発音 idea は後ろの "ディーァ" にアクセントをつけて発音する。

表現 直訳は「考えが全くありません」。「全く想像もつかなくてわからない」という意味合いになる。

0443

0443

I just can't wait.

待ち遠しい。

発音 just, can't, wait の最後の t は飲み込んで、can't で一番ピッチを高く。

表現 just は副詞で「ちょうど、単に、ただ〜だけ、まさに、本当に、全く、ちょっと」など意味が多いが、ここでは「なんか、なかなか、どうしても」という意味で使われている。

0444

0444

I just made it.

滑り込みセーフだったね。

発音 made it はくっついて "メイディッ◯"。

表現 make it で「時間に間に合う、出席する、うまくいく」などの意味がある。

0445

0445

I lost my mind.

どうかしてたよ。

発音 I と my は弱く、lost と mind はしっかりはっきり発音する。

表現 lose one's mind の形で「気がふれる、血迷う」。

0446 ◁)) 0446

I mean no harm.

悪意はありません。

発音 harm の “アー” はあくびのように喉の奥を開いて発音する。

表現 mean no harm で「悪気はない、傷つけるつもりはない」。

0447 ◁)) 0447

I missed my chance.

チャンスを逃がした。

発音 missed と chance にリズムの山がくる。

表現 miss は「～を逃す」。

0448 ◁)) 0448

I need your help.

君の助けが必要だ。

発音 need your はくっついて “ニーヂョ”。

表現 「助けが必要なんだ」「手伝ってもらいたい」という意味。

0449 ◁)) 0449

I never expected this.

寝耳に水だよ。

発音 expected の最後の d の音は飲み込まれるので “エクスペクティッ○”。

表現 直訳すると「私は決してこんなこと予想・期待しなかった」。

0450 0450

I never said that.

そんなこと言った覚えはない。

発音 said の d と that の t がそれぞれ飲み込まれ、特に said that のところでは“セッ○ダ（th）ッ○”のように発音する。

表現 never があることで、「全く言ってない」「決して言ってない」というような意味の強調が感じられる。

0451 0451

I owe you one.

一つ借りができたな。

発音 owe は“オゥ”。owe と one を強く発音する。

表現 owe someone one の形で「〜に一つ借りがある」。

0452 0452

I really appreciate it.

心から感謝いたします。

発音 really は最初の r、最後の l の発音に注意。appreciate は真ん中の“りー”（re）を最も強く発音。

表現 Thank you so much. に比べてかなり丁寧な言い方。

0453 0453

I think so, too.

私もそう思う。

発音 think の th の音に注意する。

表現 相手の言うことに賛成・賛同する時に便利によく使われる。

0454 ◁)) 0454

I told you so.

だから言わんこっちゃない。

発音 told you はくっついて “トォヂュ”。

表現 I told you. や Didn't I tell you? なども同じような意味でよく使われる。

0455 ◁)) 0455

I was just[only] kidding.

私は面白半分に言っただけです。

発音 just の最後の t は飲み込まれる。

表現 kidding を joking にしても同様。

0456 ◁)) 0456

I was just lucky.

たまたまだよ。

発音 was は速く弱く。just の u も、lucky の u も日本語の “ア” の音と似たはっきりした短めの “ア” の音。

表現 直訳は「私はただラッキーだっただけだよ」。何か良いことが起こったのは、自分の能力や実力じゃなくて、運が良かったから、というような時に使われる。

0457 ◁)) 0457

I will text you.

メールするね。

発音 I will は軽く “アォ”。text you はくっついて “テクスチュ”。

表現 text は「携帯電話で電子メッセージを打つ（送る）」の意味。SMS や SNS、チャットアプリなど広く使える。

0458 ◁)) 0458

I wish you luck.

うまくいきますように。

発音 wish you luck は滑らかにつなげて “ウィッシュラッ○”。

表現 I wish you best of luck. も同様。

0459 ◁)) 0459

I'd better get going.

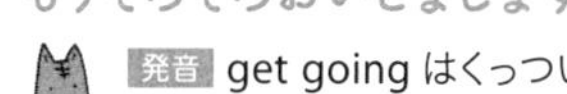

もうそろそろおいとまします。

発音 get going はくっついて “ゲッ○ゴゥィン” もしくはアメリカ英語では “ギッ○ゴゥィン”。

表現 'd better は had better（～したほうが身のためだ、～しないと困ったことになる）の省略。

0460 ◁)) 0460

I'll be right back.

すぐに戻ります。

発音 I'll be は “アオビー”。right の ri、back の ba ははっきりしっかり発音する。

表現 ちょっと席を外す時に使われる。この right は副詞で「すぐに、直ちに」。I'll be back soon. も同様。

0461 ◁)) 0461

I'll come back later.

また後で戻ってきます。

発音 I'll は “アイル” ではなく語尾を軽く流して “アォ”。back と later にリズムの山を置いて。

表現 come back で「戻ってくる」。

0462 0462

I'll do my best.

一生懸命頑張ります。

発音 I'll の ll は軽く "アォ"。

表現 do one's best で「最善を尽くす」。

0463 0463

I'll look into it.

それを調べてみましょう。

発音 into it はくっついて "イントゥイッ〇"。

表現 look into で「〜を詳しく調べる、〜を調査する」。

0464 0464

I'll pass on that.

それは遠慮しておくよ。

発音 pass on はくっつけて "パソン"。アメリカ英語では on の n と that の th を一緒にして "パソンナッ〇" となることもある。

表現 pass on は「やめておく、遠慮する」。

0465 0465

I'll see you soon.

じゃあまたお会いしましょう。〔別れるとき〕

発音 see は "シー" ではなく "スィーン"。

表現 I'll を省略した See you soon. もよく使われる。

0466 ◁)) 0466

I'll show you around.

ご案内しましょう。

発音 you と around がくっついて "アォショゥユァらゥンッ○"。

表現「うちの中を案内しましょう」なら、I'll show you around the house.

0467 ◁)) 0467

I'll start over again.

もう一回初めからやり直しだ。

発音 start over はくっついて "スターろウヴァ"。

表現 I'll start again from scratch. という言い方もある。

0468 ◁)) 0468

I'll tell you what.

じゃあ、こうしよう。

発音 tell you what は一気につなげて "テリュワッ○"。

表現 何かを提案する時の表現。

0469 ◁)) 0469

I'll think about it.

考えておくよ。

発音 think about it は一気につなげて "テ (th) ィンカバゥデッ○"。

表現 すぐに返事をしたくないような場面で使われる。「ちょっと考えてみるね」という感じ。

0470 ◁)) 0470

I'll think of something.

何か考えるよ。

発音 think と something の th の音に気をつける。

表現 話をしている今はいい案が浮かばなかったような時、「何か方法考えるよ」というような感じで使う。think of something で「何かを思いつく[が頭に浮かぶ]」。come up with something も同様。

0471 ◁)) 0471

I'll try my best.

できる限りのことはするつもりです。

発音 try は "トライ" ではなく "チュァイ"。

表現 I'll try as much as I can. も同様。

0472 ◁)) 0472

I'm afraid I can't.

あいにくだめなんです。

発音 I'm afraid はつなげて "アィマフ (f) れィッ◯"。can't は a をはっきり強く、t の音は飲み込みでの発音。

表現 I'm afraid をつけることで「残念ですが、あいにくですが」という意味合いが感じられる。

0473 ◁)) 0473

I'm afraid you're wrong.

残念ですが、あなたは間違っているようです。

発音 I'm afraid はつながって "アィマフ (f) れィッ◯"。

表現 I'm afraid をつけると「残念ですが、あいにくですが」という意味合いがついて丁寧になる。

0474

0474

I'm all for it.

それは（大）賛成だ。

発音 all は "オール" ではなく "オーゥ"。I'm と all はくっついて、all の語尾は軽く流し、for と it もくっついて "アィモーフォィッ〇"。

表現 この for は「～に賛成で、賛成して」という意味。

0475

0475

I'm counting on you.

期待しているよ。

発音 counting on you はつなげて滑らかに発音する。on you は "オニュ"。

表現 count on の形で「～を頼りにする、～を当てにする」。counting の代わりに、depending や relying を使っても同様。

0476

0476

I'm disappointed in you.

君を見損なったよ。／君に失望した。

発音 disappointed は po を強く発音して in とくっつけて "ディサポィティディン"。

表現 disappointed は「がっかりした、落胆した、失望した」。

0477

0477

I'm in a hurry.

私、急いでいるの。

発音 I'm in a はくっついて "アィミナ"。

表現 in a hurry で「急いで、慌てて」。

0478 ◁)) 0478

I'm in big trouble.

大変なことになっちゃった。／ ピンチだ。

発音 I'm in はくっついて "アィミン"、trouble は "チュァボゥ"。

表現 I'm in a terrible mess. も同様。

0479 ◁)) 0479

I'm in good shape.

体調はいいですよ。

発音 I'm in はくっついて "アィミン"。

表現 in good shape で「体調［調子］が良い」。

0480 ◁)) 0480

I'm looking for it.

探してるんだ。

発音 for it は続けて "フォィッ◯" のように発音する。最後の t は飲み込まれる。

表現「仕事を探しているんだ」なら、I'm looking for a job.

0481 ◁)) 0481

I'm not ready yet.

まだ準備ができていません。

発音 ready yet はくっついて "れディエッ◯"。

表現 not yet で「まだ〜ない」。

0482 　　🔈0482

I'm not that stupid.

私はそこまでばかじゃない。

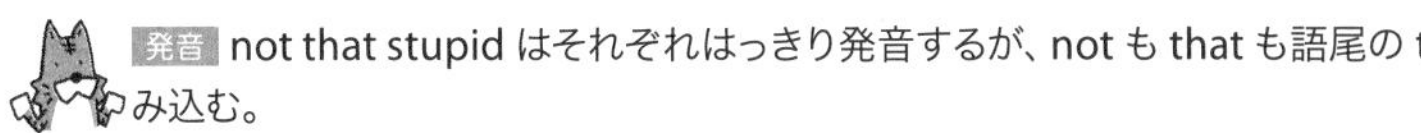

発音 not that stupid はそれぞれはっきり発音するが、not も that も語尾の t は飲み込む。

表現 この that は「そんなに、そこまでは」という意味になる。

0483 　　🔈0483

I'm on your side.

あなたを支持します。

発音 on your はくっついて "オニョ"。

表現 be on someone's side は「〜の側にいる」から「〜の味方だ」。

0484 　　🔈0484

I'm proud of you.

あなたは私の誇りよ。

発音 proud of はくっついて "プラウダヴ"。

表現 相手が何か良いことをした時や成し遂げた時などに「誇りに思うよ」「すごいよ」「頑張ったね」という感じで使われる。

0485 　　🔈0485

I'm sorry about that.

ごめんなさい。／残念だね。

発音 about と that の最後の t は飲み込まれる。

表現 I'm を省略した Sorry about that. もよく使われる。

0486 🔊0486

I'm sorry I'm late.

遅れてすみません。

発音 I'm はどちらも軽く流すように発音する。

表現 遅れて到着した時によく使われる表現。

0487 🔊0487

I've never been better.

最高だよ。

発音 better は "ベター" ではなく、"ベラ" あるいは "ベダ"。

表現 直訳すると「今までででこれより良かったことはなかった」から「最高だよ」という意味になる。

0488 🔊0488

If you don't mind, ...

もし差し支えなければ…

発音 If you はくっついて "イフ (f) ュ"。

表現 「もしあなたが嫌でなければ」「気にしなければ」から、「よかったら」「お差し支えなければ」という意味になる。

0489 🔊0489

If you say so.

あなたがそう言うならね。

発音 最後の so はちょっと上がり気味に発音する。

表現 「(信じられないけど) そうかなあ?」という気持ちがあるが、とりあえず相手に同意するような場面で使われる。

0490 🔊0490

If you want to.

あなたがしたいなら。／ よかったら。

発音 want を強めて to でピッチを下げる感じで発音する。

表現「あなたが望むならね（いいんじゃないの）」というような意味で使われる。

0491 🔊0491

Is anything[something] bothering you?

何か気になることでもあるの？

発音 bothering you はくっついて、“バダ（th）りンギュ”。

表現 bother は「困らせる、迷惑をかける」。

0492 🔊0492

Is this all right[OK]?

これでいいですか？

発音 All の語尾は “ル” と発音せずそのまま right へ流して “オーゥらイッ〇”。

表現「これでいいですか？」「問題ありませんか？」と確認を取る時の表現。

0493 🔊0493

It doesn't concern me.

関係ないから。

発音 It も doesn't も t は飲み込むので It doesn't で “イダズンッ〇”。

表現 concern は「関わる」。

0494 　◁)) 0494

It doesn't make sense.

筋が通らないよ。

発音 It と doesn't の t の音は飲み込まれる。

表現 It makes no sense.も同じような意味でよく使われる。make no senseで「意味をなさない、理にかなわない、要領を得ない」。

0495 　◁)) 0495

It makes no difference.

どうでもいいよ。

発音 It の t の音は飲み込んで、no を一番強く、高いピッチで発音する。

表現 make no difference で「違いがない、重要でない、どうでもよい」。

0496 　◁)) 0496

It slipped my mind.

うっかり忘れてました。

発音 It の t と、slipped の最後の ed の音は飲み込まれる。

表現 slip someone's mind で「(一時的に) 思いつかない、思い出せない、忘れる」。I forgot. よりもうっかり感がある。

0497 　◁)) 0497

It won't happen again.

二度とこういうことのないようにします。

発音 It と won't の最後の t は飲み込まれる音。

表現 直訳は「それが再び起こることはありません」。It never happens again. と言うともっと強い言い切りの決意となる。

0498

◁)) 0498

It works for me.

私はそれで大丈夫です。

発音 works の "アー" は口をあまり開けずに発音するこもった "アー"。

表現 work には「働く」という意味の他に、「役に立つ、うまくいく」という意味もある。

0499

◁)) 0499

It's a small world.

世間は狭いね。

発音 small の l は軽く流して。world は w でしっかりと唇をすぼめて。

表現 直訳は「小さな世界だ」。知り合いの知り合いが自分も知っている人だった時などに、「世間は狭いね」「奇遇だね」という感じで使われる。

0500

◁)) 0500

It's a sure thing.

確かです。

発音 sure の su "シュ" を一番強く発音する。thing の th に注意。

表現 sure thing は「確かなこと、確実なこと」。Sure thing. で「もちろん」「オーケー」「確かに」という意味で使われる。

0501

◁)) 0501

It's better than nothing.

それでも、ないよりはましだ。

発音 better は "ベター" ではなく、"ベタ" あるいは "ベラ"。

表現 better than nothing で「何もないよりまし」。

0502 ◁)) 0502

It's Greek to me.

まるっきりちんぷんかんぷんだ。

発音 Greek の k の音は飲み込まれる。

表現 Greek は「ギリシャ語」の他に、「意味のわからないこと、理解できないこと」という意味がある。

0503 ◁)) 0503

It's just your imagination.

それは君の気のせいだ。

発音 just your はくっついて "ジャスチョ"。

表現 この imagination は「想像の産物、妄想、気のせい、錯覚」。

0504 ◁)) 0504

It's no big deal.

大したことじゃないよ。

発音 big の g は飲み込まれる。deal の最後の l は軽く "ゥ" で、big deal は "ビッ○ディーォ"。

表現 It's not a big deal. も同様。

0505 ◁)) 0505

It's no laughing matter.

それは笑って済ませられることじゃない。

発音 laughing は "ラーフィンヶ (ng)"。最後の ng は鼻から抜ける感じ。

表現 laughing matter で「笑い事」。

0506

0506

It's not far wrong.

そう間違ってはいない。

発音 not の t は飲み込みで、wrong は r が l になってしまわないよう気をつけて"ウ"の口から発音する。

表現 far は物理的な距離だけでなく程度も表す。

0507

0507

It's not over yet.

まだ終わっていませんよ。

発音 not と yet の最後の t の音は飲み込まれる。

表現 over は「終わって、済んで」。

0508

0508

It's now or never.

今しかないよ。／やるなら今だ。

発音 now or never の or は"オ"だけで、"ナゥオネヴァ"と一息で。

表現 直訳すると「今かもうないかのどちらかだ」から、「今しかないよ」という意味になる。

0509

0509

It's only the beginning.

まだ始まったばかりだよ。

発音 beginning は gi にアクセントがくるので、"ギ"の音がはっきり聞こえる。

表現 This is just the beginning. も同様。

0510 🔈0510

It's our only choice.

そうするしかないね。

発音 It's our はくっついて "イッツアゥア"。

表現 only choice は「唯一の選択」。

0511 🔈0511

It's thanks to you.

あなたのおかげですよ。

発音 thanks の th の発音に気をつけて、thanks と you にリズムの山を置く。

表現 thanks to で「～のおかげ」。

0512 🔈0512

It's too late now.

今となってはもう遅い。

発音 late の t の音は飲み込まれるので、late now は "レイッ○ナゥ"。

表現 It's too late to do anything now. も同様の表現。

0513 🔈0513

It's up to you.

あなた次第です。

発音 up の p の音は飲み込まれる。

表現 up to ～で「～次第で」。

0514 🔊0514

Just as I thought.

思った通りだ。

発音 Just as はくっついて“ジャスタズ (z)”。

表現 文字通り「ちょうど私が思っていたように」から、「案の定」「思った通り」という意味になる。

0515 🔊0515

Keep it a secret.

秘密にしてね。

発音 keep it はくっついて“キーピッ〇”。

表現 「秘密にしてね」は他にも、This is just between us. や Don't tell anyone. などがある。

0516 🔊0516

Keep it in mind.

覚えておいてね。

発音 keep it in は全てくっついて“キーピディン”。

表現 Keep it in mind の後に that 節をつけることも多い。例：Keep it in mind that you need to finish this by Monday.（月曜までに終わらせる必要があるって覚えといて）

0517 🔊0517

Keep your mouth shut.

黙ってろ。

発音 Keep your はくっついて“キーピョ”。

表現 怒っている時に使う強い口調。

0518 ◁)) 0518

Let's change the subject.

話を変えましょう。

発音 change は "チェンジ" ではなく "チェインヂ"。subject は su のところで日本語の驚きの "ア" に近い音をはっきりと。

表現 subject は「話題、テーマ」。

0519 ◁)) 0519

Let's go all out!

全力で行こうよ！

発音 all out はくっついて "オーラウッ◯"。

表現 go all out で「持っている全てを出し尽くす」。

0520 ◁)) 0520

Let's take a break.

少し休もう。

発音 take a は "テイカ"。

表現 take a break で「休憩を取る」。

0521 ◁)) 0521

Let's wait and see.

焦らず待とうよ。

発音 wait と and がくっつき、さらに and の d は落ちるので "ウェイタン" もしくはアメリカ英語で "ウェイデン"。

表現 wait and see で「形勢をうかがう、時機を待つ、様子を見る」。

0522 0522

Make yourself at home.

楽にしてください。／ どうぞごゆっくり。

発音 Make yourself はくっついて “メイキョセォフ (f)”。

表現 make oneself at home で「気楽にする、くつろぐ」。

0523 0523

May I add something?

ちょっと補足してもいいですか？

発音 add の a は口角を横に引いて強く長めの “ア” の音。

表現 自分から何かを追加補足する時の丁寧な表現。

0524 0524

May[Could] I join you?

ご一緒していいですか？

発音 join you はくっついて “ジョイニュ”。

表現 (Do you) mind if I join you? も同様。いずれも丁重な言い回し。

0525 0525

Maybe or maybe not.

そうかもしれないし、そうじゃないかもしれない。

発音 最初の Maybe で少しピッチが上がる。or は軽く “オ” くらいでよいが、not は少し長めに “ノーッ○”(または “ナーッ○”)。

表現 May be 自体、イエスともノーとも言えない、はっきりしないことを表す。

0526 🔊0526

More to the point, ...

（それについて）もっと言えば…

発音 More と point にリズムの山を置いて、to the は軽く。

表現 通例、コンマを伴って文頭で使われる。

0527 🔊0527

My lips are sealed.

私は口がかたいのよ。

発音 sealed の l は軽く流して "スィーォド（d）"。

表現 someone's lips are sealed は文字通り「唇が封された」から、「秘密にする、約束がしてある」という意味になる。

0528 🔊0528

Neither good nor bad.

可もなく不可もなく。

発音 Neither は "ニィダ（th）ァ" もしくは "ナィダ（th）ァ" での発音。good の d は飲み込みでの発音。

表現 二つともどちらも否定する時にはこの neither ～ nor ～の形式を使う。

0529 🔊0529

Never ever do that.

そんなこと絶対にしちゃだめ。

発音 that の t は飲み込んで "ダッ○"。

表現 never ever は「何があっても、決して」という、never をさらに強調した表現。

0530 ◁)) 0530

Nice[Beautiful] day, isn't it?

良い天気ですね。

発音 isn't it はくっついて "イズニッ○"。

表現 It is a nice[beautiful] day, isn't it? の It is a の部分が省略されている。

0531 ◁)) 0531

Nice talking to you.

お話しできて楽しかったです。

発音 talking の ng は鼻に息を流して "ンゲ" と発音。

表現 It was nice talking to you. の省略。

0532 ◁)) 0532

Over my dead body.

おれが生きているうちはそんなことはさせないぞ。

発音 dead の d は飲み込まれる。

表現 直訳すると「私の死体を乗り越えて（やれ）」から、「私の目の黒いうちは〜させない」という意味になる。

0533 ◁)) 0533

So far, so good.

今のところうまくいっている。

発音 good の最後の d は飲み込まれる。

表現 so far so good で「これまでのところは良い、ここまでは順調だ」。

0534 ◁)) 0534

Spare me your lecture.

説教はご勘弁を願います。

発音 Spare と lecture にリズムの山を置いて、lecture の l の発音に注意。

表現 spare は「控える、割愛する」。

0535 ◁)) 0535

Take a wild guess.

あてずっぽうで言ってごらん。

発音 Take a はくっつけて "テイカ"。wild と guess にリズムの山を置いて。

表現 wild guess は「大雑把な推測」。

0536 ◁)) 0536

Talk[Speak] of the devil.

うわさをすれば影。

発音 devil はカタカナ語だとデビルだが、英語では "デヴォ"。

表現 続きの and he will appear. の部分が省略されている。直訳すると「悪魔の話をしていると、やってくる」。

0537 ◁)) 0537

Tell me about it.

話を聞かせて。／ それはわかるよ。

発音 Tell の最後の l の音、about と it の最後の t の飲み込まれる音に注意して、"テゥミーァバウディッ〇"。

表現 直訳の「それについて私に話して」という意味もあるが、「そうだね」「全くだよね」という意味で使われることもある。

0538 🔊0538

Tell me the truth.

本当のことを言って。

発音 Tell の語尾は軽く流して "テォ"。truth の tr は "チュ" で近い音が発音できるので "テゥミザチュゥース (th)"。

表現 「真実を教えて」「本当のことを教えて」という言い方。

0539 🔊0539

That can't be true.

そんなはずはない。

発音 can't の t は飲み込まれるので、can't be は "キャンッ○ビー"。

表現 「本当でありえない！」「うそだ！」という感じで使われる。

0540 🔊0540

That explains a lot.

なるほどね。

発音 a lot はくっついて "アラッ○"。

表現 「それで大いに説明がつく」と納得する時の表現。That explains it. を強くした感じ。That explains everything. なども使われる。

0541 🔊0541

That would be great.

そうしていただけるとうれしいです。

発音 That would be は that の t と would の d を飲み込むので "ダ (th) ッ○ウッ○ビー"。

表現 この後に if you could help me（もしあなたが手伝ってくれたら）のような仮定文が隠れているので、would が使われている。

0542 ◁)) 0542

That's a good idea.

それはいいアイディアだ。

発音 good idea はくっついて "グッダィディーア"。

表現 good idea は「良い考え、名案、得策」。great idea でもよい。ただし、big idea は「途方もない馬鹿げた考え」と否定的な意味なので注意。

0543 ◁)) 0543

That's a good one!

うまい！

発音 That's a はくっついて "ダツァ"、good の d は飲み込みで。

表現 相手のジョークを褒める時の言葉。

0544 ◁)) 0544

That's how it is.

そういうもんだよ。／ というわけだ。

発音 it is はくっついて "イディーズ (z)"。

表現「そういうもんだよ」の他に、話の締めくくりの時に「というわけです」という感じでも使われる。

0545 ◁)) 0545

That's how it started.

そんなふうにして始まった。

発音 how it はくっついて "ハウィッ○"。started は "スターティッ○" または "スターディッ○"。

表現 That's how ～は応用がきく。「そんなふうに［きっかけで］私はピアノを弾き始めた」なら、That's how I started playing the piano.

0546 🔊0546

That's more like it.

そのほうがいいね。

発音 like it は続けて、また、最後の t は飲み込んで発音するので、“ライキッ○”。

表現 直訳すると「その方が it（ここでは望みや理想）により近い」から「そっちの方がいいね」「よくなってきたね。」という意味になる。

0547 🔊0547

That's news to me.

そりゃ初耳だ。

発音 news はカタカナ語ではニュースだが、英語では最後は濁った音になるので“ニュウズ”。

表現 直訳だと「それは私にとってのニュースだ」だが、「それは初耳だ」「知らなかったよ」と I didn't know that. と同様の意味合いがある。

0548 🔊0548

The basic idea is ...

基本的な考えは…

発音 idea は de “ディ” を強く発音する。

表現 basic idea は「根本概念、基本的な考え」。

0549 🔊0549

The damage is done.

後の祭り。

発音 damage is はくっついて “ダミディズ”。

表現 直訳すると「ダメージは生まれてしまった」から、「もう手遅れ」「後の祭りだ」という意味で使われる。

0550 0550

The feeling is mutual.

お互いさまだ。

発音 feeling is はくっついて “フィーリンギズ”。mutual は最後を軽く流して “ミューチュォ”。

表現 mutual は形容詞で「相互の、共通の」。

0551 0551

The rest is history.

後の話は知っての通り。

発音 rest is はくっついて “れスティズ”。history は初めの hi を強く発音する。

表現 直訳すると「残り（の話）は歴史だ」から、「後の話は歴史のようにみんながもう知っていることだ」という意味になる。

0552 0552

The sooner, the better.

早ければ早いほどいい。

発音 better は “ベタ” あるいは “ベラ”。

表現 The 比較級 〜, the 比較級 ... は、「〜すればするほど、ますます…だ」という意味の構文。

0553 0553

There you go again.

ほら、また始まったあ。

発音 There と go を強く発音する。again は “アゲイン” ではなく “アゲンヌ (n)” に近い。

表現 しつこく同じようなことを繰り返す人に対して「またなの」という感じで使われる。

0554 ◁)) 0554

There's no way out.

もう後がない。〔追い詰められて〕

発音 out の最後の t の音は飲み込まれる。

表現 way out には「出口、逃げ道 ;(困難などからの) 脱出方法 ;(問題などの) 解決法」という意味がある。

0555 ◁)) 0555

There's nothing to it.

そんなの朝飯前だ。

発音 to it はくっついて、さらに最後の t は飲み込まれるので、"トゥィッ○"。

表現 nothing to it で「簡単さ、もちろん、なんてことはない」。

0556 ◁)) 0556

This is for you.

これ、あなたにあげるわ。

発音 you を少し強調して発音する。

表現 誰かに何かプレゼントを渡す時の決まり文句。

0557 ◁)) 0557

This is going nowhere.

これじゃあらちがあかないよ。

発音 This is はくっついて "ディスィズ"。nowhere は no のほうにアクセントを置いて。

表現 go nowhere で「らちがあかない、行き詰まる」。

0558 0558

To make matters worse, ...

さらに悪いことには…

発音 matters は “マタァス” あるいは “メァラァス”。worse は “ウォース” ではなく、口をあまり開けずに “ワース”。

表現 直訳すると「物事・状況をさらに悪くすることには」。

0559 0559

Today's my lucky day.

今日はついてるね。

発音 lucky の u（ア）の音は日本語の “ア” に近い音。

表現 lucky day は「運の良い日、吉日」。

0560 0560

We have good chemistry.

私たちは相性ピッタリだね。

発音 good は d を飲み込んで “グッ〇”。chemistry は “ケミストリー” ではなく “ケミスチュイ” という感じ。

表現 この chemistry は「人同士の相性」を指す。面接を受けた感じで The chemistry was right.（面接官とうまくやりとりできた）などとも使われる。

0561 0561

We have no choice.

そうするしかないね。

発音 have の a は強い “ア” の音。no を一番強調して “ノウ”。

表現 We can't help it. も同様。「他の選択肢がない」なら、We have no other choice.

0562 ◁)) 0562

We need to talk.

キチンと話をすることが必要ですね。

発音 need to は need の d を飲み込んで "ニーッ〇トゥ"。

表現 何かの件で相手とキチンと話をすることが必要な時に使われる。具体的な件名をつける時は～ about the plan のようにつける。

0563 ◁)) 0563

What can I say?

まあ何と言うか。／（それ以上）何も言うことがないよ。

発音 What can I は "ワッキャナイ"。

表現 文字通り「何て言えばいいの？」から「言葉がありません」「返す言葉がありません」など、説明や言い訳、相手への返答の際、何と言っていいのかわからない時に使われる。

0564 ◁)) 0564

What could go wrong?

うまくいかないわけがない。

発音 What の t と could の d は飲み込みで、wrong は r の発音に注意。

表現 go wrong は「誤った方向に行く」。

0565 ◁)) 0565

What did you say?

何と言いましたか？

発音 What の t は飲み込まれ、did you はくっついて、"ワッ〇ディヂュ"。

表現 直訳の「あなたは何と言ったのですか？」の他に、相手に何か失礼なことを言われた時に「なんだと？」のように言うこともある。

0566 0566

What do you say?

どう思う？

発音 What do you は軽く “ワルユ”。say にリズムの山を置いて。

表現 say には「意見を言う」の意味もある。

0567 0567

What do you want?

お前は何を望んでいるんだ？

発音 What の t と want の t はそれぞれ飲み込まれる。“ワッ○ドゥユワンッ○”。

表現 直訳の「あなたは何を望んでいるの？」の他に、「何か用？」とちょっと失礼な感じで言う時にも使われる。

0568 0568

What does that mean?

それはどういうこと？

発音 that mean は that の t を飲み込んで “ダ（th）ッ○ミーンヌ（n）”。

表現 直訳すると「それは何を意味していますか？」。

0569 0569

What I mean is ...

私が言いたいことは…

発音 くっつけて一気に “ワライミーニズ” のように発音する。

表現 自分の言いたいことや意図をはっきりさせる時の表現。「私が言いたかったことは」と過去形を使った、What I meant was ... も使われる。

0570 ◁)) 0570

What I'm saying is ...

私が言っているのは…

発音 What I'm saying is は一気に "ワライムセインギーズ (z)" のように発音する。

表現 自分の言いたいことや意図をはっきりさせる時の表現。

0571 ◁)) 0571

What shall I do?

どうしましょう？

発音 What shall I は一気に "ワッシャライ" のように発音する。

表現 「私は何をすべきでしょうか？」と自分への問いかけと、「私は何をしましょうか？」という相手の意向を問いかける場面で使われる。

0572 ◁)) 0572

What should I do?

どうしよう？

発音 should I はくっついて "シュダイ"。

表現 「私は何をすべきだろう？」から、ちょっとしたパニックで「どうしようどうしよう」という感じでも使われる。

0573 ◁)) 0573

What's done is done.

済んだことは仕方ない。

発音 done is はくっついて "ダニズ"。

表現 what's done は「起こってしまったこと」。

0574 🔊 0574

What's it all about?

一体何のこと？

発音 全てつながって“ワツィドーラバウッ○”のように一気に発音される。最後の t の音は飲み込み。

表現 What's it about? に「一体全体」の意味で all を強調として入れた表現。話の流れにより、it の代わりに this や that なども使われる。

0575 🔊 0575

What's the good of?

それが何のためになるんだ？

発音 good of はくっついて“グダヴ”。

表現 直訳すると「それの良いところは何だ？」。

0576 🔊 0576

Where shall we start[begin]?

何から始めましょうか。

発音 shall の l は軽く流すので、shall we は“シャウィ”。

表現「どこ（何）から始めましょうか?」から、「どこから話し始めたらいいでしょうかね」のような意味でも使われる。

0577 🔊 0577

Would you please elaborate?

もっと具体的に言ってください。

発音 elaborate は“イラボれイッ○”と発音して最後の t は飲み込んでもよい。

表現 elaborate は「詳細に述べる」。

0578 🔊0578

You can do it!

君ならできるよ。

発音 do を一番強く発音する。do it はつなげて “ドゥイッ○”。

表現 「君ならできるよ」と励ます時の表現。

0579 🔊0579

You can't be serious!

本気じゃないよね。

発音 serious は “シリアス” ではなく “スィァりャス” のようになる。

表現 「まさかそんなはずないよね」「冗談だろう?」という感じで使われる。Are you serious? も似たような感じの言い方。

0580 🔊0580

You can't miss it.

絶対に見逃すことはありません。/ きっと見つかります。

発音 miss it はくっついて “ミッスィッ○”。

表現 この miss は「見逃す、聞き漏らす」。

0581 🔊0581

You don't know beans.

君は何もわかってないよ。

発音 don't の最後の t は飲み込み。don't と beans にリズムの山を置いて。

表現 相手を批判する時のくだけた表現。bean には「基本的なこと」の意味もある。

0582 

0582

You have nine lives.

君、なかなかしぶといね。

発音 lives は "ライヴズ" と濁る。

表現「9 つ命があってなかなか死なない」という意味。

0583

0583

You heard it wrong.

君の聞き違いだよ。

発音 heard it は一気に "ハーディッ◯" のように発音する。"ハー" は口をあまり開けずに "ウ" が混じっているような音で伸ばす。

表現 hear wrong で「聞き間違える、聞き違いをする」。「私の言ったことを聞き間違えたんだよ」なら You heard me wrong.

0584

0584

You made my day.

うれしいことを言ってくれるね。

発音 made の最後の d は飲み込まれる。

表現 make someone's day で「～を喜ばせる」。

0585

0585

You'd better believe it.

間違いないって。／信じなさい。

発音 believe it はくっついて "ビリーヴィッ◯"。

表現 直訳だと「それを信じた方がいい」から「間違いない」「本当だよ」という意味で使われる。

0586 ◁)) 0586

You'll have another chance.

またの機会があるさ。

発音 You'll は "ユール" ではなく "ユォ"。have another はくっついて "ハヴァナダ(th)"。

表現 chance の代わりに opportunity も使われる。

0587 ◁)) 0587

You're asking too much.

君は要求が多すぎるよ。

発音 too much はそれぞれはっきり発音する。

表現 ask too much は「ぜいたくを言う、無理に頼む、要求が多すぎる」。

0588 ◁)) 0588

You're getting much better.

ずいぶん良くなってきているよ。

発音 getting は "ゲディング(ng)"、better は "ベダ" または "ベラ" のように、tt の部分はアメリカ英語では濁った音になる。

表現 get better で「良くなる、上達する」。much がついているから、それがさらに強調されている。

0589 ◁)) 0589

You're just in time.

間に合いましたね。

発音 just in time はそれぞれはっきり発音する。

表現 just in time は「ぎりぎりセーフで間に合って、ちょうど良い時に」。

0590 🔈0590

You're pulling my leg.

私をからかっているんでしょ。

発音 pulling の初めの pu が一番高く強く発音される。

表現 pulling my leg は「私の足を引っ張る」なので、日本語の「足を引っ張って邪魔をする」の意味と混同してしまいそうになるが、pull someone's leg で「からかう、だます」という意味になる。

0591 🔈0591

You've gone too far.

それは言いすぎだ。

発音 You've は "ユヴ" のように軽く発音し、too far の方を強調する。

表現 go too far は「(礼儀・常識などの点で) 度を超す、言い過ぎる」という意味になる。That's going a bit too far. とも言う。

0592 🔈0592

You've got me wrong.

私のことを誤解してるよ。

発音 got me はくっついて "ガッ○ミー"。

表現 get ～ wrong で「～を誤解する、～を間違える」。「私のこと誤解しないでね」なら、Don't get me wrong.

Column 04

会話の展開力を身につけよう

3～4往復くらいのチャンク・ストレーミングの練習に慣れてきたら、もう一歩進んで4～5往復くらいの対話に発展させてみましょう。グングンと「会話の展開力」がついて来ます。以下の会話例でそのコツをつかんでください。

※【　】内の数字は本書収録（またはその応用）のフレーズ番号です。

A: Hey! How's it going?

B: Great! And you?

A: I'm surviving.

B: So, what did you do over the weekend?

A: Not much. Just hung out with some friends. How about you?

B: I went to the beach with my family. It was really nice. We had a great time there.

A: That sounds like fun! Did you swim?

B: Yeah, we did. The water was a little bit cold but it was still nice.

A: おい！ 調子はどうだい？【0192】

B: うん、いいよ！そっちは？

A: まあまあ、やってるよ。

B: そういえば、週末に何してた？

A: 特に何もしてないよ。友達と遊んでただけだった。君のほうは？【0189】

B: 家族と一緒に海に行ったよ。とても楽しかった。とってもいい時間を過ごせたよ。【0637】

B: それは楽しそうだね！海では泳いだの？

B: うん、泳いだよ。水は少し【0906】冷たかったけど、それでも良かったよ。

5語で話そう

発音のコツはつかめましたか？ フレーズ学習も後半です。練習を積み重ねて話す自信をつけよう！

学習フレーズの例：Doesn't that ring a bell?「何か思い当たることない？」/ I'm tied up right now.「今ちょうど手が離せないんです」/ Let me sleep on it.「一晩考えてみよう」

0593 🔊0593

A little bird told me.

そういううわさだよ。

発音 little は "リトル" ではなく "リト" または "レロ"、told me は d を飲み込んで "トゥッ○ミィ"。

表現 直訳は「小鳥が私に教えてくれた」。

0594 🔊0594

And while you're at it ...

せっかくだから… ／ ついでに…

発音 while の l は軽く流すので "ワィョ"。at it はくっついて "アティッ○" または "アリッ○"。

表現 直訳は「じゃあ君がそこにいる間」だが、「ついでに」という意味で使われる。

0595 ◁)) 0595

As a matter of fact, ...

実は… ／ 実を言うと…

発音 a や of は弱く速く発音する。matter の a と fact の a は口角を横に引いて強くて長めの “ア” の音。

表現 「実はね」「本当のところはね」という感じで、相手にまだ言っていなかったことを言う時に使う。

0596 ◁)) 0596

As far as I'm concerned ...

私に関する限り…

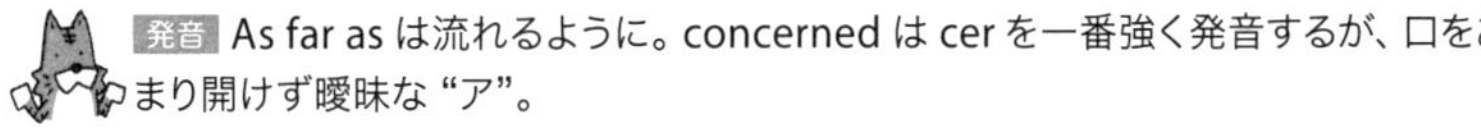

発音 As far as は流れるように。concerned は cer を一番強く発音するが、口をあまり開けず曖昧な “ア”。

表現 「私に関して言えば」「私の意見では」と、自分の思いや意見を言う時に使う。

0597 ◁)) 0597

As if you didn't know!

まるで知らないような顔をして！

発音 As if you はくっついて “アズィフュ（f）”。

表現 as if で「まるで～かのように」。

0598 ◁)) 0598

As is often the case ...

よくあることだが…

発音 As is often はくっついて “アズィゾーフン”。

表現 誰かに関してよくあることを言いたい時は、with をつけて、As is often the case with him（彼にはよくあることだが）のように言う。

0599 ◁)) 0599

As luck would have it, ...

運よく…

発音 have it はくっついて “ハヴィッ○”。luck と have にリズムの山を置いて。

表現 通常、コンマで区切って使う。

0600 ◁)) 0600

Can I get by, please?

通らせてもらえますか？

発音 Can I はくっついて “キャナーイ”。get by は t を飲み込んで “ゲッ○バイ”。

表現 get by で「うまく通り抜ける」。

0601 ◁)) 0601

Care to tell me why?

事情を聞いたほうがいいかな？

発音 tell の ll ははっきり “ル” と発音せず、“テォ” のように軽く流す。

表現 care to do で「～したいと思う」。

0602 ◁)) 0602

Come on, don't say that.

まあ、そう言うなって。

発音 Come on はくっついて “カモーンヌ (n)” もしくは “カマーンヌ (n)”。

表現 Come on. は、「来い！」「急げ！」や、「お願い！」「やめて！」「ばかな！」「いいじゃないか」など、場面に応じていろいろな意味になる。

0603 ◁)) 0603

Could you be more specific?

もっと詳しく［具体的に］教えてください。

発音 Could you は軽く速く “クヂュ”。specific は ci の箇所を強く発音する。

表現 specific は「明確な、具体的な」。相手の意味内容や意図をはっきりさせる時の表現。

0604 ◁)) 0604

Could you say that again?

もう一度言っていただけますか？

発音 Could you は軽く速く “クヂュ”。that again はくっついて “ダ（th）ダゲンヌ（n）”。

表現 相手の言ったことが聞こえなかった時に使われる表現。

0605 ◁)) 0605

Did I do something wrong?

私何か悪いことやった？

発音 Did I はくっついて “ディダイ”。

表現 「君は何も悪いことはやってないよ」なら、You didn't do anything wrong. や You did nothing wrong. などと言う。

0606 ◁)) 0606

Do I make myself clear?

私の言っていることわかった？

発音 make の ma、myself の se、clear の cl をはっきり発音する。

表現 make oneself clear の形で、「自分の意志をわからせる、考えをはっきりさせる」。

0607 ◁)) 0607

Do you have the time?

今、何時ですか？

発音 have の ve は飲み込まれるので、have the time は "ハーッ○ダターィム" のように言うとよい。

表現 the を抜いて、Do you have time? だと「時間ありますか？」「暇ですか？」という意味になってしまうので注意。

0608 ◁)) 0608

Doesn't that ring a bell?

何か思い当たることない？

発音 Doesn't と that はいずれも語尾の t を飲み込む。また、ring a bell はくっついて "リンガベォ"。

表現 ring a bell は直訳すると「ベルを鳴らす」から、「思い当たることがある、ピンとくる」。

0609 ◁)) 0609

Don't give me any trouble.

私には一切面倒をかけないでください。

発音 Don't の t は飲み込みで、give me はくっついて "ギミ"。trouble は "トラブル" ではなく "チュァボ"。

表現 面倒ごとをくれるな、ということ。

0610 ◁)) 0610

Don't take it so seriously.

あまり深刻にとるなよ。

発音 take it はくっついて "テイキッ○"。seriously は "シリアスリー" ではなく "スィアりァスリ"。

表現 take ～ seriously で「～をまじめ［真剣］に受け止める、むきになる」。

0611 ◁)) 0611

Excuse me for interrupting, but ...

お話し中すみませんが…

発音 Excuse の cu と、interrupting の rup にリズムの山がくる。

表現 interrupt は「(話の) 邪魔をする」。丁重に相手の話をさえぎる時の表現。

0612 ◁)) 0612

Give me a rough idea.

おおまかな考えを聞かせてください。

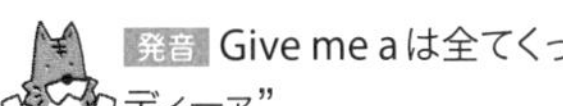

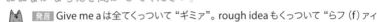

発音 Give me a は全てくっついて “ギミァ”。rough idea もくっついて “らフ (f) ァィディーァ”。

表現 rough idea は「おおまかな考え」。

0613 ◁)) 0613

Good to see you again.

またお会いできてうれしいです。

発音 Good と again にリズムの山を置いて。again は “アゲイン” ではなく “アゲヌ”。

表現 It's good to see you again. の形で使うことも多い。

0614 ◁)) 0614

Have a go at it!

やってみなよ。

発音 Have a はくっついて “ハヴァ”。at it もくっついて it の t は飲み込みで “アティッ○”。

表現 have a go で「やってみる」。

0615 ◁)) 0615

Have a good night's sleep.

ぐっすりお休み。

発音 Have a はくっついて "ハヴァ"。

表現 同じ意味の表現には、Sleep well. や Sleep tight. などもある。

0616 ◁)) 0616

Have it your own way.

勝手にしなさい。

発音 Have it はくっついて "ハヴィッ○"。your own もくっついて "ヨォォゥンヌ(n)" または "ヨろゥンヌ (n)"。

表現 have one's own way で「やりたいことをやり通す、したいようにする、自分の思い通りにする」。

0617 ◁)) 0617

How are you getting along[on]?

調子はどう？

発音 How are you は "ハゥァユ"、getting along は "ゲディンガローン" のようにそれぞれくっついて聞こえる。

表現 get along は「何とかやっていく、うまくやる」。センスの良い答えとしては、Couldn't be better. (最高)、Can't complain. (まあ、悪くないよ) など。

0618 ◁)) 0618

How can you say that?

よくもそんなことが言えるね。／ よく言うよ。

発音 say を強く発音すると特に気持ちがこもって聞こえる。that は語尾の t を飲み込む。

表現 相手に「どうしてそんなことが言えるの？」と責めるような場面で使われる。

0619 0619

How did you like it?

いかがでしたか？

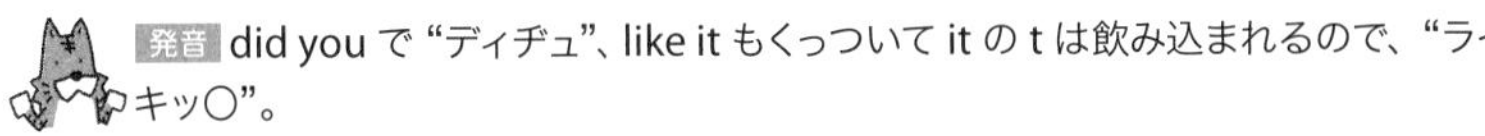

発音 did you で “ディチュ”、like it もくっついて it の t は飲み込まれるので、“ライキッ○”。

表現「どうでしたか?」「気に入りましたか?」と感想を聞く時の表現。

0620 0620

How do you spell that?

スペルはどのように書きますか？

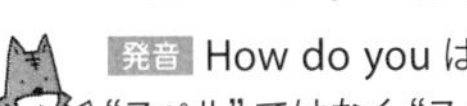

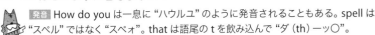

発音 How do you は一息に “ハウルユ” のように発音されることもある。spell は “スペル” ではなく “スペォ”。that は語尾の t を飲み込んで “ダ（th）ーッ○”。

表現 spell は「つづる」。

0621 0621

How long has it been?

どのくらい久しぶりなのかな？

発音 long が wrong にならないように注意。has it はくっついて “ハズィッ○”。

表現 It’s been a long time since I saw you last. の省略から、「久しぶり」という意味になる。

0622 0622

I am aware of that.

承知しています。／ わかってますとも。

発音 aware は wa を強く発音しながら “ァウェァ” で of とつなげて “ァウェァらヴ” のように発音。最後の that の t の音は飲み込み。

表現 be aware of で「気づいている、認識している」。

0623 ◁)) 0623

I appreciate your saying that.

そうおっしゃっていただくとうれしいですね。

発音 appreciate your はくっついて “アプリーシェイチョ”。

表現 Thank you for saying that. よりもかなり丁寧な言い方。

0624 ◁)) 0624

I can hardly believe it.

そんなこととても信じられない。

発音 believe it はくっついて “ビリーヴィッ○”。

表現 hardly は副詞で「ほとんど～ない、とても～ない」。

0625 ◁)) 0625

I can't deal with that.

それは手に負えない。

発音 deal の l は軽く流して、with の th と that の th がくっついて “ディーウィッダ(th)ッ○”。

表現 deal with で「～を処理する、～に対処する」。

0626 ◁)) 0626

I can't make it tonight.

今夜は無理だよ。

発音 make it はくっついて “メイキッ○”。

表現 make it は「都合がつく、間に合う」などの意味がある。tonight の代わりに曜日や時間などを入れ替えることで応用が効く。

0627 ◁)) 0627

I can't say for sure.

ちょっとわかりません。〔将来の予定など〕

発音 can't の最後の t は飲み込まれる。

表現 直訳すると「確実に[はっきりと] は言えません」。

0628 ◁)) 0628

I can't thank you enough.

お礼の言葉もありません。

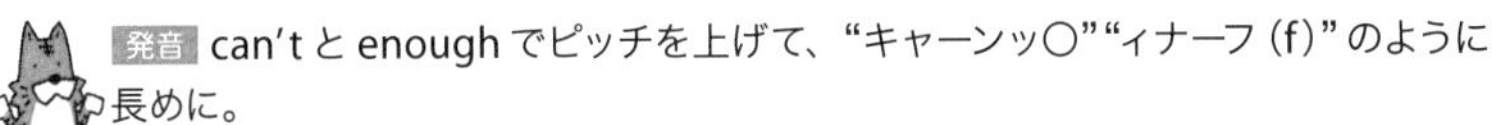

発音 can't と enough でピッチを上げて、"キャーンッ○""ィナーフ (f)" のように長めに。

表現 直訳すると「あなたには十分な感謝ができない」。つまり、「感謝してもそれは十分でない」「何と感謝していいかわからないくらい感謝している」ということ。

0629 ◁)) 0629

I can't wait until tomorrow.

明日が楽しみだ。

発音 can't と wait の最後の t は飲み込まれる。until の語尾は軽く流して "アンティォ"。

表現 文字通り「(何らかの理由があって) 明日まで待てません」という意味と、「明日が楽しみで待ちきれない」という意味の可能性がある。

0630 ◁)) 0630

I completely agree with you.

全く同感です。／ おっしゃる通りです。

発音 completely は le にアクセントがくるので、"(リ) イー" の音がはっきり聞こえる。

表現 直訳すると「あなたに完全に同意します」。大賛成だと賛同する時の表現。

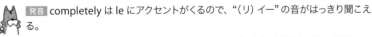

0631 ◁)) 0631

I completely[totally] forgot about it.

そのことを完全に忘れていた。

発音 forgot about it はくっついて、さらに最後の t は飲み込まれるので、“フォガダバウディッ○”。

表現 completely も totally も「完全に」。

0632 ◁)) 0632

I could not help laughing.

おかしくてたまらなかった。

発音 could の最後の d は飲み込まれる。また、help は “ヘルプ” でなく “ヘォプ” となる。

表現 can't help doing で「～せずにはいられない」。

0633 ◁)) 0633

I don't mind at all.

いっこうにかまいません。

発音 I don't mind は “ァドンマインッ○”。at all はくっついて “アトー” もしくは “アロー”。

表現 not at all の形で「少しも～でない」。

0634 ◁)) 0634

I don't want your sympathy[pity].

同情などしてほしくない。

発音 don't の最後の t は飲み込まれる。want your はくっついて “ウォンチョ”。

表現 pity は「哀れみ、同情」。

0635 (audio 0635)

I feel the same way.

私も同感です。

発音 feel の最後の l は軽く流して "フィーォ"。

表現 最後に too をつけた、I feel the same way, too. もよく聞く。

0636 (audio 0636)

I got mad at him.

あいつには頭にきた。

発音 got の最後の t は飲み込まれる。mad at はくっついて "マダッ○"。mad の a は口角を横に引いて強くて長めの "ア" の音。

表現 get mad at で「〜に怒る、腹を立てる、頭にくる」。

0637 (audio 0637)

I had a terrible[bad, hard, rough, tough] time.

ひどい目にあった。

発音 had a はくっついて "ハダ"。terrible は "テリブル" ではなく "テらボー" と発音する。

表現 反対の意味なら、形容詞の部分に good, great, wonderful などが入る。

0638 (audio 0638)

I hadn't thought about that.

それは考えなかったよ。

発音 hadn't, about, that は最後の t を飲み込むが、thought は about とくっつくので "アィハドゥンッ (th) ータバゥダッ○"。

表現 過去分詞形になっているので、ある程度の期間の長さがあってその中で「ずっと考えたことなかったな」というニュアンスがある。

0639 ◁)) 0639

I hope you like it.

気に入ってくれるといいんだけど。

発音 hope you も like it もそれぞれくっついて、“ホゥピュ”、“ライキッ〇”。

表現 この I hope ～ は「～だと幸いです、～を望みます」。

0640 ◁)) 0640

I just can't do it.

できないものはできないよ。

発音 just, can't, it の最後の t は飲み込んで、“アジャスッ〇キャーンッ〇ドゥィッ〇”。

表現 just は副詞で「ちょうど、単に、ただ～だけ、まさに、本当に、全く、ちょっと」など、意味が多いが、ここでは「なんか、なかなか、どうしても」という意味で使われている。

0641 ◁)) 0641

I just thought of something.

ちょっと思ったんだけどね。

発音 just の t は飲み込みで、thought of はくっつけて “ジャスッ〇ト（th）ーロヴ”。

表現 省略して Just a thought. でも同じ意味で使われる。

0642 ◁)) 0642

I know him[her] by name.

名前だけは知っています。

発音 know him や know her の him と her は弱形で h の音がかすかになって、それぞれ “ノウィム” “ノウァ”。

表現「彼の顔は知っている」なら、I know him by sight.

0643 ◁)) 0643

I know how you feel.

気持ちはわかるよ。

発音 feel の最後の l は軽く流して "フィーォ"。

表現 「あなたがどう感じているかわかります」と、人に共感する時に使う表現。

0644 ◁)) 0644

I know it for certain.

それは確かだよ。

発音 know it はくっついて、"ノウィッ〇" のように最後の t の音は飲み込まれる。

表現 for certain で「確実に、確かに」。for sure とも言う。

0645 ◁)) 0645

I know nothing about it.

私はそのことに関しては何も知らない。

発音 about it はくっついて、さらに最後の t は飲み込まれるので、"アバウディッ〇"。

表現 I don't know anything about it. と同様。

0646 ◁)) 0646

I know what you mean.

君の言いたいことはわかるよ。

発音 what you はくっついて "ワッチュ"。

表現 「あなたの気持ちわかるわ」「同感です」というような場面で使われる。

0647 0647

I may be wrong, but ...

私は間違っているかもしれませんが…

発音 but の “ア” で口角を横に引かないように注意。あごを落として、日本語の “ア” でよい。

表現 発言する前に「間違っているかもしれないけど」と断りを入れる時の表現。

0648 0648

I meant to do that.

あれはわざとやったんです。

発音 meant to は重なっている t を一つにするので “メントゥ”。

表現 mean to do で「意図的にする」。

0649 0649

I shouldn't have done it[that, this].

失敗したなぁ。／ やらなけりゃよかった。

発音 done it はくっついて “ダニッ◯”。

表現 shouldn't have done は「するべきではなかった（のにしてしまった）」、should have done は「するべきだった（のにしなかった）」という意味を表す。

0650 0650

I think you misunderstood me.

誤解しているようです。

発音 misunderstood は too のところにアクセントを置いて。

表現 I think を I'm afraid にするともっと丁寧でへりくだった響きになる。

0651 　0651

I wish you every happiness.

ご幸福を祈ります。

発音 wish you はくっついて“ウィッシュ”。

表現 結婚式などで二人に向けて送る言葉なら、I wish you two every happiness.

0652 　0652

I wonder if it's true.

本当かしら。

発音 tr はチュで近い音が出せるので true は“トゥルー”というよりは“チュゥー”。

表現 I wonder は「〜かなと思う、不思議に思う」。

0653 　0653

I'll be back by then.

その頃までには戻ります。

発音 then は th だが、難しければ“ゼン”というよりは“デン”。

表現 I'll は I will の省略。I'll be back by that time. も同様。

0654 　0654

I'll be on my own.

自分の力でやっていきます。

発音 I'll の ll は軽く“ゥ”で“アォ”。

表現 on one's own で「自分の力で、独力で、自活して」。

0655 🔊0655

I'll catch up with you.

後で追いつくよ。

発音 catch up, with you がそれぞれくっついて "アオキャッチャッ○ウィデュ"。

表現 catch up with の形で「〜に追いつく、〜について行く」。You can go ahead. I'll catch up with you（先に行っててていいよ。後で追いつくから）のように使う。

0656 🔊0656

I'll define it this way.

こう定義します。

発音 define it はくっつけて it の t は飲み込みで "ディファイニッ○"。

表現 this way は「こんな風に」。

0657 🔊0657

I'll do anything for you.

君のためなら何でもするよ。

発音 anything は最初の a "エ" でしっかりと口角を引いて "エニテ（th）ィン"。

表現「子どものためなら何でもする」なら、I'll do anything for my child.

0658 🔊0658

I'll do what I can.

やれることをやります。

発音 what I はくっついて "ワライ"。

表現 I'll do what I can do. の do が省略されている。

0659 ◁)) 0659

I'll explain them in order.

順を追って説明します。

発音 in order はくっついて “イノォダ”。最後の der はあまり口を開けずに。

表現 in order は「順番に、順序良く」。

0660 ◁)) 0660

I'll go along with it.

私はそれでいいですよ。

発音 go along はくっついて “ゴワローング (ng)”。with it もくっついて “ウィディッ○”。

表現 go along with は「賛成する、従う」。

0661 ◁)) 0661

I'll have[take] one of each.

一つずつください。

発音 one of each はくっついて “ワノヴィーチ”。

表現 one of each は何種類かある中で、その種類ごとに一つずつ、という意味になる。

0662 ◁)) 0662

I'll make certain of it.

確かめてみますね。

発音 certain の tain の部分は飲み込まれて “サーンーッ○” のようになる。of it はくっついて “オヴィッ○”。

表現 make certain of で「確かめる」。

0663 🔊0663

I'll take care of it.

私がそれをやります〔処理します〕。

発音 take care of it は全てくっついて、it の t は飲み込むので "ティッケーろヴィッ○"。

表現 この take care of は「～を引き受ける、～を処理する」という意味。

0664 🔊0664

I'm a stranger around here.

この辺は私は初めてです。

発音 I'm a はくっついて "アマ"。stranger は "ストレンジャー" ではなく初めの str を一気に発音して "スチュエィンヂャ"。

表現 stranger は「見知らぬ人」の他に、「よそ者」という意味がある。

0665 🔊0665

I'm glad to hear that.

そう言ってもらえるとうれしいです。

発音 glad の最後の d と that の最後の t は飲み込んで "アムグラットゥーヒァダ(th) ッ○"。

表現「その言葉を聞けてうれしいです」という意味。

0666 🔊0666

I'm glad to meet you.

お会いできてうれしいです。〔初対面で〕

発音 meet you はくっついて "ミーチュ"、または t を飲み込んで "ミーッ○ユ"。

表現 glad の代わりに happy もよく使われる。

0667 ◁)) 0667

I'm honored to meet you.

お目にかかれて光栄です。

発音 honor(ed) はアメリカ英語ではあくびの “ア” で “アナー”。

表現 be honored to で「～を光栄に思う、～することを名誉に思う」。

0668 ◁)) 0668

I'm much obliged to you.

厚くお礼申し上げます。

発音 obliged の最後の d の音は飲み込まれる。

表現 be obliged to で「～に恩義を受けている、～に感謝している」。

0669 ◁)) 0669

I'm tied up right now.

今ちょうど手が離せないんです。

発音 tied up はくっついて、up の p は飲み込んで “タイダッ○”。

表現 be tied up は「縛りつけられている」から「(忙しくて) 手が離せない」の意味になる。

0670 ◁)) 0670

I'm very grateful to you.

厚くお礼申し上げます。

発音 grateful の t は飲み込んで、最後の l は軽く流して “グれイッ○フォ”。

表現 grateful は「感謝する、ありがたく思う」。

0671 ◁)) 0671

I've got plenty of time.

時間は大丈夫です。／時間は十分あります。

発音 got の t は飲み込んで、plenty of はくっつけて "プレンティァヴ"。

表現 plenty of は「たくさんの」。

0672 ◁)) 0672

I've got to go now.

もう行かないと。

発音 got to go はくっついて "ガットゥゴウ" もしくはアメリカ英語では "ガラゴウ"。

表現 I gotta go now. / I've gotta go now. / I have to go. なども同様。

0673 ◁)) 0673

I've had enough of this.

もううんざりだ。

発音 had enough of はくっついて "ハディナーフォヴ (v)"。

表現 enough of は「〜はもうたくさん」。

0674 ◁)) 0674

I've made up my mind.

心を決めたよ。／決心したよ。

発音 made up my はくっついて "メイダッ○マィ"。

表現 make up one's mind で「決心する」。

0675 　　　　 🔊 0675

I've never heard of it.

聞いたことありませんね。

発音 heard of it は一気に "ハードヴィッ○" のように言う。"ハー" は口をあまり開けずに "ウ" が混じっているような音で伸ばす。

表現 hear of で「～について伝え聞く」。

0676 　　　　 🔊 0676

I've never seen this before.

こんなのは以前見たことありません。

発音 アメリカ英語では this が seen の n の影響を受けて "ニス" や "ネス" に近い音になる。

表現 I've never seen anything like this before. も同様。

0677 　　　　 🔊 0677

If I feel like it.

気が向いたらね。

発音 feel の最後の l は軽く流して "フィーォ"、like の最初の l の音はしっかりと発音して、"ィフ (f) ァィフィーォライキッ○"。

表現 feel like で「～したい気分である」。

0678 　　　　 🔊 0678

If I understand you correctly, ...

もし私の理解が正しければ…

発音 correctly の correct が collect にならないように注意。

表現 correctly は「正しく、正確に」。

0679

◁)) 0679

Is that all you want?

欲しいのはそれだけですか？

発音 Is thatはくっついて、thatの最後のtは飲み込まれるので、"イズダ（th）ッ○"。

表現 Is that all? だけでも、「それで全部ですか?」「それだけですか?」という意味でよく使われる。

0680

◁)) 0680

It could have been worse.

不幸中の幸いだった。

発音 It の t は飲み込んで、could have はくっつけ、have の ve は落とすので "イッ○クダビン"。

表現 直訳すると「もっと悪い状態になりえていた」から、「不幸中の幸いだった」「それくらいで済んで良かった」という意味になる。

0681

◁)) 0681

It gives me the creeps.

（気味が悪くて）ぞっとします。

発音 gives と creeps にリズムの山がくる。

表現 creeps の代わりに chills を使っても同様。

0682

◁)) 0682

It never hurts to ask.

聞くだけ聞いてみよう。／聞いてみるくらいかまわない。

発音 hurts は口をあまり開けず、反対に ask の a は口角を横に引いて強く長めに。

表現 直訳すると「聞いても決して痛んだり（傷ついたり）しない」から、「聞くだけ聞いてみよう」という意味になる。

0683 ◁)) 0683

It really turns me off.

白けるね。

発音 really, turns, off の 3 つにリズムを置いて発音する。
表現 turn off で「白けさせる、うんざりさせる」。

0684 ◁)) 0684

It seems to me that ...

私には…に思われる。

発音 seems to me は流れるように一気に発音する。
表現 自分の思いや意見を言う時の表現。

0685 ◁)) 0685

It sounds reasonable to me.

それなら納得できる。

発音 reasonable の最後の l は軽く流して “りーズナボー”。
表現 reasonable は「道理にかなった、正当な、筋が通っている」。

0686 ◁)) 0686

It was about this size[big].

このくらいの大きさだった。

発音 about this size は一気につなげて “アバウッ○ディ (th) ッサイズ (z)”。
表現 このくらいだ、という手振りをしながら言う。

0687 🔊0687

It was nice meeting you.

お目にかかれてうれしかったです。

発音 meeting you はくっついて “ミィーディンギュ”。
表現 初めて会った人と別れる時のあいさつの言葉。

0688 🔊0688

It's a matter of course.

それは当然のことだ。

発音 matter と course にリズムの山がくる。
表現 a matter of course は「当然のこと、当然の結果として予想されること」。

0689 🔊0689

It's a waste of time.

それは時間の無駄だよ。

発音 waste of time はくっついて “ウェィスタヴタイム (m)”。
表現「それはお金の無駄だ」なら、It's a waste of money.

0690 🔊0690

It's all up to you.

君次第だ。

発音 It's all はくっついて “イツォー”。
表現 up to ～ で「～次第で」。

0691 ◁)) 0691

It's as easy as pie.

そんなの簡単さ。

発音 easy と pie にリズムの山がくる。as easy as はくっつけて "アズィーズィアズ"。

表現 as easy as pie で「(パイを食べるのと同じくらいに) とても簡単な、朝飯前の」。

0692 ◁)) 0692

It's been a hard day.

今日は、踏んだり蹴ったりだった。

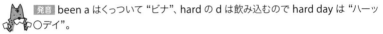

発音 been a はくっついて "ビナ"、hard の d は飲み込むので hard day は "ハーッ〇デイ"。

表現 hard day は「忙しい[つらい] 一日」。

0693 ◁)) 0693

It's been a long time.

お久しぶりです。

発音 It's been a はくっついて "イツビナ"。

表現 a long time を a while や ages に変えても同様。

0694 ◁)) 0694

It's getting out of control.

手に負えなくなってきたよ。

発音 out of はくっついて "アウタヴ" または "アウラ"。control は "コントロール" ではなく "コンチュォー" という感じ。

表現 get out of control で「制御がきかなくなる」。

0695 🔊0695

It's just like a miracle.

まるで奇跡ですよ。

発音 like a はくっついて "ライカ"。

表現 似ているが、「それはまさに奇跡だ」なら、It's a miracle.

0696 🔊0696

It's like a bad joke.

しゃれになんないよ。

発音 bad の強い "ア" の音と joke の "オゥ" をはっきり発音する。

表現 bad joke は「悪い冗談」。

0697 🔊0697

It's no good doing that.

そんなことをしてもだめだよ。

発音 good の d と that の t は飲み込まれる。doing の ng は鼻に声を抜いて。

表現 It's no good doing は「～しても無駄だ」。

0698 🔊0698

It's none of your business!

大きなお世話だ。／君の知ったことではない。

発音 none of your はくっついて "ナノヴョ"。

表現 Mind your own business. も同様。

0699 ◁)) 0699

It's the other way around.

それじゃ話が逆だよ。

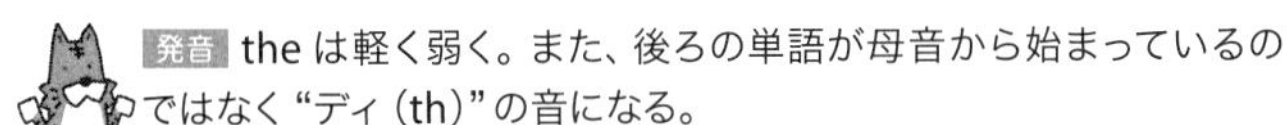

発音 the は軽く弱く。また、後ろの単語が母音から始まっているので、“ダ（th）”ではなく“ディ（th）”の音になる。

表現 the other way around で「あべこべに、逆に、反対に」。

0700 ◁)) 0700

It's too early to say.

まだ言うには早いのですが。

発音 too early はくっついて“トゥワァリィ”。

表現 too ～ to ... で「あまりに～すぎて…できない」。

0701 ◁)) 0701

It's too much for me.

そいつはあんまりだ。

発音 for は弱く軽く、f の摩擦だけ起こす感じで。

表現 too much は「余分の、過剰の」の他に「どぎつい、酷な」という意味もある。

0702 ◁)) 0702

Keep your eyes on us!

乞うご期待！

発音 全てくっついて“キーピョらィゾナス”。“キー”と“ら”にリズムの山を置いて。

表現 keep one's eyes on で「～から目を離さない」。

0703 ◁)) 0703

Let me get it straight.

これまでのところを整理させてください。

発音 get it はくっついて “ゲディッ○”、straight は初めの str を一気に発音し、語尾の t は飲み込むので、“スチュエイッ○”。

表現 get it straight で「正しく理解する」。

0704 ◁)) 0704

Let me have a look.

ちょっと見せて。

発音 have a look はくっついて “ハヴァルッ○”。

表現 have a look は「見る、一見する」。take a look でもよい。

0705 ◁)) 0705

Let me make it clear.

はっきりさせてください。

発音 Let me は “レッミー”。make it もくっついて “メイキッ○”。

表現 Let me ～は自分がそうしたい場合、Let's や Let us なら自分を含めて周りに呼びかける場合。

0706 ◁)) 0706

Let me sleep on it.

一晩考えてみよう。

発音 sleep on it はくっついて “スリーポニッ○”。

表現 sleep on は「～について一晩考える、～の決断を翌日に延ばす」。

0707 ◁)) 0707

Let me think it over.

じっくり考えさせてください。

発音 think it over は一気につなげて “テ（th）ィンキドゥヴァ”。

表現 think over は「〜のことをよく考える」。

0708 ◁)) 0708

Let's call it a day.

今日はこれで上がりましょう。

発音 call it a はくっついて “コーリタ”。

表現 直訳すると「それを一日と呼びましょう」から、「今日はここまでにしましょう」「今日はこれでお開き」などの意味になる。

0709 ◁)) 0709

Let's get down to business.

本題に入ろう。

発音 get down はくっついて “ゲッ〇ダゥン”。

表現 get down to business は「仕事に取りかかる、本題に入る」。

0710 ◁)) 0710

Let's meet each other halfway.

お互いに妥協しよう。

発音 each other はくっついて “イーチャーダ（th）”。

表現 meet 〜 halfway で「歩み寄る、妥協する」。

0711 ◁)) 0711

Let's wrap things up here.

そろそろこの辺で終わらせよう。

発音 things up はくっついて "テ (th) ィングズァッ〇"。

表現 wrap up は「(会議・仕事などを) 終える、切り上げる」「まとめる、完成させる」などの意味がある。

0712 ◁)) 0712

May I ask a question?

質問してもよろしいですか?

発音 ask の a は口角を引いて強くて長めの "ア" の音。

表現 Can I ask a question? と Can I で始める言い方が多いかもしれない。

0713 ◁)) 0713

No matter what anyone says, ...

誰が何と言おうと…

発音 says は "セイズ" ではなく "セズ"。

表現 no matter what で「たとえ何が〜であろうとも」。

0714 ◁)) 0714

OK, how does this sound?

じゃあ、こんなのはどう?

発音 does の s (z) が落ちてしまわないようしっかりと発音する。this sound は s を言い直さず、つなげてよい。

表現 sound は「(考えなどが) 〜と思われる」。

0715 ◁)) 0715

One thing before I go ...

行く前に一言言っておくが…

発音 One を強調して発音。go は “ゴー” ではなく “ゴゥ”。

表現 before I go は「私が行く前に」。One thing before I forget ... なら「忘れる前に一言言っておくが」となる。

0716 ◁)) 0716

Please don't worry about it.

その件についてはご安心ください。

発音 don't, about, it の最後の t は飲み込んで “ドンワりアバウディッ○”。

表現 worry about で「～のことで心配する」。

0717 ◁)) 0717

Say hello to your colleagues.

同僚の皆さんによろしくお伝えください。

発音 colleagues は最初の co にアクセント。

表現 say hello to で「(人) によろしく伝えてください」。

0718 ◁)) 0718

So what you're saying is ...?

ではあなたがおっしゃっているのは…?

発音 what you're はくっついて、“ワッチュァ” ではなく “ワルユァ”。

表現 相手の意味内容や意図をはっきりさせる時の表現。

0719 ◁)) 0719

Tell it like it is.

ありのままに話してくれ。

発音 Tell it はくっついて t を飲み込んで "テリッ○"。like it is はくっついて "ライキディーズ"。

表現 it is で「それがそれであるままに」。

0720 ◁)) 0720

Thank you for your help.

すみません、助かりました。

発音 help の l は軽く流して "ヘォッ○"。

表現 「手伝ってくれてありがとう」「助けてくれてありがとう」の決まり文句。

0721 ◁)) 0721

That is precisely the issue.

まさにそれが問題なのです。

発音 That is はくっついて "ダティズ"(アメリカ英語では "ダリズ")。issue の前の the は通常 "ディ"。

表現 precisely は「精密に」だけでなく「まさに」という強調の意味でも使われる。

0722 ◁)) 0722

That would be another story.

そうなりゃ話は別だ。

発音 That would be は that の t と would の d を飲み込んで "ダ (th) ウッ○ビ"。another は "アナザー" ではなく "アナーダ (th)"。

表現 That would be a different story. も同様。

0723 ◁)) 0723

That's a piece of cake.

そんなの朝飯前だ。

発音 piece of はくっついて “ピーソヴ”。

表現 a piece of cake は文字通り「ケーキ一切れ」から、「(一切れのケーキを食べるように) とても簡単なこと、朝飯前なこと」という意味になる。

0724 ◁)) 0724

That's easier said than done.

簡単に言うねえ。／ やるのは大変だよ。

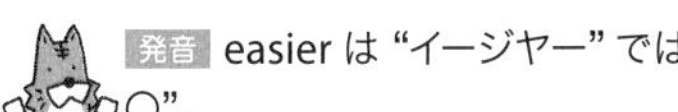

発音 easier は “イージヤー” ではなく “イーズィァ”。said の d は飲み込みで “セッ○”。

表現 be easier said than done で「口で言うほど容易なことではない、言うは易く行うは難し」。

0725 ◁)) 0725

That's exactly how I feel.

まさに私もそう思いますよ。

発音 exactly の a は “エ” のように口角を横に引いて強く長めに発音する。feel は “フィール” ではなく “フィーョ” のように語尾を軽く流す。

表現 自分の気持ちを相手が的確に理解してくれた時の一言。

0726 ◁)) 0726

That's how it should be.

上出来だ。／ そうこなくっちゃ。

発音 should be は should の d を飲み込んで “シュッ○ビー”。

表現 It is as it should be. も同様。

0727 🔊 0727

That's[It's] the same old story.

よくある話だ。

発音 same old はくっついて old の d を飲み込むので “セイモゥッ〇”。

表現 same old story は「よくある話、いつものこと」。

0728 🔊 0728

That's the size of it.

まあそんなところですよ。

発音 size of it はくっついて t を飲み込みで “サイゾヴィッ〇”。

表現 直訳すると「それがその実寸だ」。

0729 🔊 0729

That's the way it is.

世の中はそんなもんだよ。

発音 it is はくっついて “イディーズ（z）”。

表現 「そういうもんだよ」とちょっとあきらめの気持ちで言うような場面での表現。

0730 🔊 0730

The sky is the limit.

制限がない。／ 青天井だ。／ いくらでも～できる。

発音 sky と limit にリズムの山を置いて、limit の t は飲み込む。

表現 直訳すると「空が限界だ」で、無限に続く空には限界がないことから「天井知らず」「際限がない」という意味になる。

0731 ◁)) 0731

There's no doubt about it.

疑う余地はない。

発音 doubt about it はくっついて、さらに最後の t は飲み込むので、"ダゥダバウディッ○"。

表現 直訳すると「それについて疑いはない」から、「それは間違いない」という意味で使われる。

0732 ◁)) 0732

There's no time to lose.

ぐずぐずしている場合ではない。

発音 no で最もピッチを上げて。lose の l が r にならないよう、舌をしっかり上歯茎につけて。

表現 no time to lose で「一刻の猶予もない」。

0733 ◁)) 0733

This conversation never took place.

この話は聞かなかったことにしてくれ。

発音 took の最後の k は飲み込みで "トゥッ○"。

表現 took place の代わりに同じような意味で happened も使われる。

0734 ◁)) 0734

This is a nice surprise.

うれしいサプライズだ！

発音 This is a はくっついて "ディスィザ"。

表現 this はたった今起こったことを指している。

0735 🔊 0735

This is good for you.

これは君にとっていい話だよ。

発音 good の d は飲み込んで for は f の摩擦だけ残すので、good for you は “グッ〇フ (f) ユ” の感じに発音。

表現 ただの Good for you. なら、「でかした！」「よくやった！」と褒める時の表現になる。

0736 🔊 0736

This is the last straw.

これが我慢の限界だ。

発音 tr はチュで近い音を出せるので straw は “スチュォー”。

表現 直訳すると「これが最後のワラだ」。ここでの straw は It's the last straw that breaks the camel's back.（ラクダの背骨を折るのは最後のわら一本だ）という諺で「限度を超えさせるもの、限界」を象徴している。

0737 🔊 0737

This isn't what I expected.

こんなはずじゃなかった。

発音 what I はくっついて “ワライ”。

表現 What I expected で「私が予想したこと」。

0738 🔊 0738

We've met before, haven't we?

いつかお目にかかりましたね。

発音 We've met before は一気に “ウィヴメッ〇ビフ (f) ォ” のように言う。

表現 最後に haven't we のある付加疑問文で、「だよね？」「ですよね？」という意味が加わる。

0739

What are you getting at?

0739

何が言いたいの？

発音 getting at はくっついて "ゲディンガッ〇"。最後の "ガ" は鼻から抜ける音。

表現 この get at は「～を言おうとする、それとなく言う」の意味。

0740

What are you talking about?

0740

何の話をしているんだ？

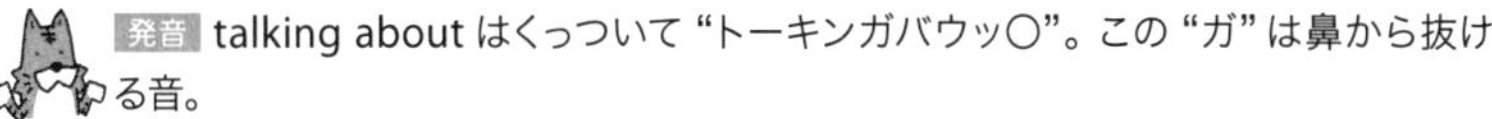

発音 talking about はくっついて "トーキンガバウッ〇"。この "ガ" は鼻から抜ける音。

表現 文字通り「何について話をしているの？」のほか、訳のわからないことや間違ったことに対して「何言ってんの？」「ばかじゃないの？」という感じでも使われる。

0741

What else do you have?

0741

他に何かありますか？

発音 What else はくっつけて "ワレォス"。do you は軽く "デュ" くらいで。

表現 else で「その他に」。相手に他に言うことややることなどがあるかを聞く時の表現。

0742

What gave you that idea?

0742

どうしてそう思うの？

発音 What は t を飲み込んで gave you はくっつけて "ワッゲイヴュ"。that idea もくっつけて "ダライディーァ"。

表現 直訳は「何があなたにその考えを与えたの？」。

0743 ◁)) 0743

What makes you so sure?

どうしてそんなに自信［確信］があるの？

発音 makes you はくっついて “メイクシュ”。

表現 直訳では「何があなたをそんなに確信があるようにさせるのか?」。make はここでは「～にさせる」。似たような感じで What makes you so happy ?（何でそんなにうれしそうなの？）のような言い方もできる。

0744 ◁)) 0744

Whatever the case may be, ...

いずれにせよ…

発音 Whatever はアメリカ英語だと “ワレェヴァ” のようになる。

表現 コンマを伴って前置きとして使い、そのまま詳細状況が続く。

0745 ◁)) 0745

Why do you say that?

どうしてそう思うの？

発音 Why と say にリズムの山を置いて、that の t は飲み込みで。

表現 say は「言う、声に出す」だが、そこから「思う」のニュアンスもある。

0746 ◁)) 0746

Why don't you join us?

一緒にやらない？ ／ 私たちに加わったら？

発音 join us はくっついて “ジョイナス”。

表現 Why don't you ～ は直訳だと「どうして～しないの？」だが、「～しませんか？」「～した方がいいよ」という意味で使われる。

0747 🔈0747

Will she be all right?

彼女は大丈夫かな？

発音 語尾の l は軽く流すので Will は “ウィォ”、all right は “オーゥらィッ〇”。

表現 今彼女は元気がないか、何かがあって大変だけれども、将来は大丈夫でしょうか?、というような場面で使われる。

0748 🔈0748

Wow, you almost made it.

うわあ、惜しい！ ／ あと一歩だった。

発音 made it はくっついて “メイディッ〇”。

表現 make には「成功する、～がうまくいく」「～に間に合う」などの意味もある。

0749 🔈0749

Yes, I would love to.

ええ、喜んでやりますよ。

発音 Yes と love にリズムの山を置いて。

表現 would love to は would like to を強調した言い方。

0750 🔈0750

You can say that again.

君の言う通りだ。／ それは言えてる。

発音 that again はくっついて “ダ（th）ダゲンヌ（n）”。

表現 直訳すると「もう一度言っていいよ」から「全くその通り」「同感」という意味になる。

0751 ◁)) 0751

You could have fooled me.

言われなければわからなかったよ。

発音 could have はくっついて "クダヴ"。

表現 直訳は「私を馬鹿にすることもできただろうに」。

0752 ◁)) 0752

You get on my nerves.

イライラする奴だな。

発音 get on はくっついて "ゲトン"(アメリカ英語では "ゲロン")。nerves の ner はあまり口を開けずに曖昧な "ア"。

表現 直訳は「あなたは私の神経に触っている」。

0753 ◁)) 0753

You have nothing to lose.

ダメもとでしょう! ／ 失うものは無いでしょう。

発音 nothing の最後の ng は鼻に息を流して "ング"。

表現 have nothing to lose で「失うものは何もない、だまされたと思ってやってみなさいよ、ダメでもともと」。

0754 ◁)) 0754

You just don't get it.

あなたもわからない人ですね。

発音 just と don't は t を飲み込みで、get it はくっつけて "ゲティッ○" または "ゲリッ○"。

表現 You just don't get it, do you? の形でも使う。

0755 🔊0755

You know what I mean?

わかるでしょ？ ／ わかるよね。

発音 what I mean はくっついて "ワライミーンヌ (n)"。

表現 直訳すると「私の意味すること（言おうとしていること）がわかりますよね」。

0756 🔊0756

You totally blew my mind.

君には度肝を抜かれたよ。

発音 totally "トータリー" はアメリカ英語だと "トウルリ" のようになる。

表現 blow one's mind で「心を吹き飛ばす」、つまり「圧倒する、度肝を抜く」。

0757 🔊0757

You'll never guess what happened!

いったい何があったと思う？

発音 You'll は "ユール" ではなく "ユォ"。what happened はくっついて "ワラープンッ〇"。

表現 You'll never guess で「絶対にわからないと思うよ」。

0758 🔊0758

You're killing me with kindness.

ありがた迷惑なんです。

発音 killing の ng は鼻から抜いて "キリン"。kindness の d はハッキリ発音しなくてもよい。

表現 kill 人 with kindness で「ありがた迷惑」。

0759 ◁)) 0759

You're out of your mind!

君はちょっとおかしいよ。

発音 out of your はくっついて “アウダヴョ”。

表現 out of one's mind の形で「頭が変で、正気でない、まともじゃない、常軌を逸した」。crazy ということ。

0760 ◁)) 0760

You've got a point there.

そう言えますね。

発音 got a はくっついて “ガダ”。

表現 get a point で「(話の) いい点を突く」という意味になる。

Column 05

名前は会話の潤滑油

それほど親しいわけではない人とのちょっとした対話にも慣れましょう。英語圏ではコミュニケーションの重要な潤滑油のひとつとして、名前を特に重視します。距離感をいかに省いて率直に話せるようにするコツなどにも慣れてください。

※【　】内の数字は本書収録（またはその応用）のフレーズ番号です。

A: Hello, **Ms. Martins**! How are you this morning?

B: So-so. How're you doing, **Dr. Brown**?

A: I'm fine, just fine. Please have a seat.

B: Thanks. I must say thank you for your time, **Dr. Brown**.

A: Call me **Ted**. It's my pleasure to talk with you. So, what's eating you lately, **Ms. Martins**, or can I call you **Karen** here?

B: Of course. Well, I'm having trouble with my boyfriend lately.

A: I'm sorry to hear that. Have you tried talking to him about it? You know, sometimes, it helps to share your feelings and listen to his. If he doesn't understand how you feel, **Karen**, you might need to consider breaking up with him.

A: こんにちは、**マーチンズさん**。今朝の調子はいかがですか？【0190】

B: まあまあですね。**ブラウン先生**のほうはいかがですか？

A: とてもいいですよ。まあ、お座りください。【0177】

B: ありがとうございます。【0287】**ブラウン先生**、まずはこのような時間をとっていただいたことを感謝いたします。

A: 先生はやめて**テッド**と呼んでください。私のほうこそ話すことができてうれしいですよ。【0076】で、最近、悩んでいることってどんなことですか？ えっと、**マーチンズさん**、ていうか私の方もここでは**カレン**と呼んでいいですね？

B: もちろんです。【0087】実は最近、彼氏とうまくいっていないんですよ。

A: それはお気の毒ですね。【0485】彼とその件で話してみたことはありますか？ つまり、自分の気持ちを彼と共有し、彼の気持ちに耳を傾けることが、時には役立つことがあるんですよ。ただ、もし彼があなたの気持ち【0643】を理解してくれない場合は、**カレン**、別れを考える必要があるかもしれませんね。

6語で話そう

いろいろな表現に慣れておこう！ 必要に応じてサッっと口から出るように、繰り返し練習しよう！

学習フレーズの例：I'll give it my best shot.「やれることをやります」/ I'll leave it up to you.「頼りにしてるよ」/ This is between you and me.「これはあなたと私だけの秘密よ」

0761　　　　　　　　　　　　　　　　　　　　　　　　　　　🔈0761

Any day is fine with me.

いつでも結構です。

発音 fine の f の音に注意。with me は th が難しければ "ウィッ〇ミー" でもよい。

表現 any は「どれでも」。fine は様々な意味で使われるが、ここでは「結構な、かまわない」の意味。

0762　　　　　　　　　　　　　　　　　　　　　　　　　　　🔈0762

Can I be honest with you?

正直に言ってもいい？

発音 Can I be は一気につながって "キャナイビ"。

表現 with you がない、Can I be honest? だけの形でも使われる。

0763 🔊0763

Can't you do anything about it?

何とかなりませんか？

発音 about it はくっついて "ァバウティッ○" もしくは "ァバウデッ○"。

表現 「私にはそれはどうしようもできない」なら、I can't do anything about it.

0764 🔊0764

Don't let it get you down.

くよくよしないで。

発音 let it はくっついて "レリッ○"。get you は "ゲッチュー" もしくは "ゲッユー"。

表現 直訳は「それにあなたの気持ちを下げさせないで」。

0765 🔊0765

Don't make me tell you again!

同じことを何度も言わせないで！

発音 Don't の t と make の k は飲み込みで。again の語尾は "ヌ" で鼻から抜いて。

表現 怒っている時に使う強い口調。

0766 🔊0766

Don't try anything funny with me.

私におかしなまねをするんじゃない。

発音 try は "トライ" ではなく "チュァイ"。

表現 funny には「いかがわしい、いんちきな」の意味もある。

0767 🔈0767

Haven't I seen you somewhere before?

以前どこかでお会いしませんでしたか？

発音 Haven't I はくっつけて "ハヴンタァイ"。seen you もくっつけて "スィーニュ"。

表現 Didn't I meet you somewhere before? や Don't I know you from somewhere? も同じように使われる。

0768 🔈0768

Here's a little something for you.

心ばかりの品ですが。

発音 Here's a はくっついて "ヒァザ"。little something がこの文で一番強調される。

表現 Here's a small present for you. も使われる。Here's(=Here is) は「ここに～がある、これは～です」。

0769 🔈0769

I can see your point, but ...

あなたのおっしゃることはわかりますが…

発音 see と point に強くはっきりしたリズムの山がくる。

表現 相手の言っていることがもっともだと認めた上で、丁重に不賛成・不賛同を述べる時の表現。

0770 🔈0770

I can't find the right word.

良い言葉が見つかりません。

発音 find の d と right の t は飲み込み。

表現 right word は「ぴったりした言葉、ちょうど適当な言葉」。

0771

0771

I can't keep up with you.

とてもついて行けないなぁ。

発音 keep up はくっついて “キーパッ○”。

表現 keep up with で「～に遅れずについていく」。

0772

0772

I can't tell which is which.

私にはどっちがどっちか区別できません。

発音 can't の最後の t は飲み込むが、can と区別できるよう、ピッチを上げる（can なら通常、ピッチが下がる）。

表現 この tell は「～を見分ける、わかる」。

0773

0773

I don't know what to do.

何をしたらいいかわからない。

発音 don't と what の最後の t は飲み込みで○。

表現 「何て言っていいかわからない」なら、I don't know what to say.

0774

0774

I don't mean to brag, but ...

自慢じゃないけど…

発音 don't の最後の t は飲み込まれる。brag の a は口角を横に引いて長く強い “ア” の音。

表現 brag は「自慢する」。mean は「意味する、～のつもりで言う」。

0775 ◁)) 0775

I don't want to bother you.

迷惑をかけたくはないのですが。

発音 I don't want to は一気に "アドワナ"。bother（バダ）にリズムの山を置く。

表現 bother は「困らせる、迷惑をかける」。

0776 ◁)) 0776

I get good vibes from you.

君とは波長が合うよ。

発音 get と good の最後の t と d の音はいずれも飲み込みで○。

表現 get good vibes で「意気投合する、波長が合う」。

0777 ◁)) 0777

I have ants in my pants.

じっとしていられないよ。

発音 ants in my はくっついて "アーンツィンマイ"。ants の "ア"(a) は口角を引いて（"エ" の口で）長めに発音する。

表現 直訳は「ズボンの中にアリがいる」。

0778 ◁)) 0778

I have no feelings of guilt.

やましい気持ちは一つもありません。

発音 feelings of はくっついて "フ (f) ィーリングソヴ"。

表現 guilt は「罪の意識」。

0779

0779

I have something to tell you.

君に話したいことがあるんだ。

発音 tell you はくっついて "テリュ"。

表現 「話したいこと[伝えたいこと] があるんだ」と話を切り出す時の表現。

0780

0780

I heard through the grapevine that ...

風の便りでは…

発音 heard の d と grapevine の pe は飲み込みで○。

表現 grapevine は「ブドウのつる」から「うわさ、口づて、口コミ」などの意味になる。

0781

0781

I hope I'm not disturbing you.

お邪魔じゃないといいのですが。

発音 I'm not はくっつけて "アイムナッ○"。disturbing you もくっつけて "ディスタービンギュ"。

表現 disturb は「邪魔をする、阻害する」。

0782

0782

I just did it for fun.

冗談でやったんだよ。

発音 did it はくっついて "ディディッ○"。

表現 for fun で「楽しみのために、面白半分に」。「冗談で言ったんだよ」なら、I just said it for fun.

0783 ◁)) 0783

I know it inside and out.

それについては何もかも知っています。

発音 know it はくっついて "ノウィッ〇"。inside and out はくっついてさらに and の d が飲み込まれるので "インサイダナゥッ〇"。

表現 know ～ inside (and) out で「～をくまなく知っている」。

0784 ◁)) 0784

I know what you're up to.

（君の魂胆は）見え見えなんだよ。

発音 what you're up はくっついて "ワッチュアッ〇"。

表現 I know what's on your mind. という表現もある。

0785 ◁)) 0785

I thought you would never ask.

一生誘ってくれないかと思った。

発音 thought の t は飲み込みで。ask の a は口角を引いて（"エ" の口で）強く長く発音する "ア"。

表現 You never ask.（言わなかったじゃん）と形が似ているが意味が異なるので注意。

0786 ◁)) 0786

I want to ask you something.

お聞きしたいことがあります。

発音 ask you はくっついて "アスキュ"。

表現 I need to ask you something. も同様。

0787 ◁)) 0787

I was wondering if you could ...

…していただけないでしょうか？

発音 If you はくっついて "イフ (f) ュ"。

表現 wonder は「～かなぁ？ と思う」。

0788 ◁)) 0788

I wish I could see you.

会いたいな。

発音 could see you は、could の最後の d が飲み込まれて "クッ○スィーユ"。

表現 「(会えないけれど) 会えたらいいのにな」という時の表現。

0789 ◁)) 0789

I'd like to comment on that.

それについてコメントしたいのですが。

発音 comment on that は、comment on をくっつけて、comment の初めの co をはっきり発音し、"コメントンダ (th) ッ○"。

表現 comment on で「～についてコメント[解説] する」。

0790 ◁)) 0790

I'd like to say something here.

ここでちょっと申し上げたいと思います。

発音 I'd の d と like の ke は飲み込まれる音。

表現 丁重に相手の話をさえぎる時の表現。

0791 🔈0791

I'll give it my best shot.

やれることをやります。

発音 give it はくっついて "ギヴィッ〇"。

表現 give one's best shot の形で「最大限の努力をする、全力を尽くす」。

0792 🔈0792

I'll leave it to your imagination.

それはご想像にお任せします。

発音 leave it はくっついて "リーヴィッ〇"。

表現 leave ～ to someone's imagination の形で「～を人の想像に任せる」。

0793 🔈0793

I'll leave it up to you.

頼りにしてるよ。〔「じゃ、任せたよ」という感じ〕

発音 leave it はくっついて "リーヴィッ〇"。leave, up, you にリズムの山がくる。

表現 leave ～ up to で「～を（人）に任せる[委任する]」。

0794 🔈0794

I'll make it up to you.

この埋め合わせはするよ。

発音 make it up は一気に "メイキダッ〇" と発音し、最後の p は飲み込みで。

表現 make it up to の形で「～に償いをする、埋め合わせをする」。

0795 ◁)) 0795

I'll see what I can do.

何ができるか検討してみます。

発音 I'll の l は "ル" と発音せず軽く流すので "アォ"。what I はくっついて "ワライ"。

表現 この see は「(～かどうか) 見てみる、確かめる、調べる」。

0796 ◁)) 0796

I'm ashamed of what I did.

自分のしたことが恥ずかしい。

発音 ashamed of はくっついて "アシェイム (m) ダヴ"。

表現 be ashamed of で「～を恥じている」。

0797 ◁)) 0797

I'm at a loss for words.

何と言っていいか言葉が出てきません。〔感情が高ぶって〕

発音 at a loss は一気につながって "アタァロス"。

表現 at a loss で「困って、途方に暮れて」。

0798 ◁)) 0798

I'm here with you by choice.

私は自分の意思であなたと一緒にここにいるんです。

発音 with you はくっついて "ウィデュー"。

表現 by choice で「自ら進んで」。

0799

🔊 0799

I'm in two minds about it.

そのことはまだ決めかねているんです。

発音 I'm in はくっついて "アィミン"、minds about it はくっついて "マインザバウディッ〇"。

表現 (be) in two minds で「決めかねている」。

0800

🔊 0800

I'm not hiding anything from you.

あなたには何も隠したりしていませんよ。

発音 not の最後の t は飲み込んで、hiding の最後の ng は鼻に流して "ング"。

表現 hide ～ from ... で「…から～を隠す」。

0801

🔊 0801

I'm not sure what to say.

何と言っていいかわかりません。

発音 what の t は飲み込んで、what to say は一気につなげて "ワッ〇トゥセーイ"。

表現「何をしていいのかわからない」なら、I'm not sure what to do.

0802

🔊 0802

I'm very glad you could come.

あなたが来てくださってとてもうれしいです。

発音 could の最後の d は飲み込む。come の m は唇を閉じたまま鼻から抜く。

表現「あなたが来れて良かった」「来てくれてありがとう」と、人を迎え入れるような場面で使われる。

0803 🔊 0803

I've heard so much about you.

おうわさはかねがねうかがっております。

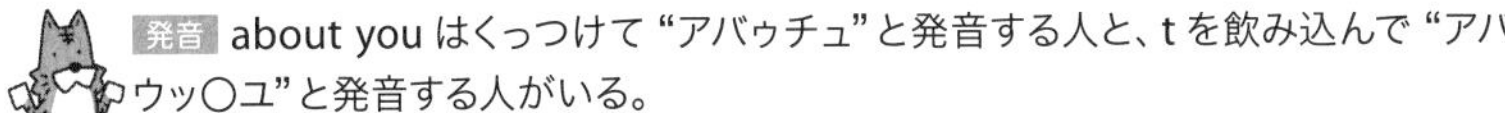

発音 about you はくっつけて "アバゥチュ" と発音する人と、t を飲み込んで "アバウッ○ユ" と発音する人がいる。

表現 (so) much の代わりに a lot になることもある。

0804 🔊 0804

If I were in your shoes, ...

もし私があなたの立場だったら…

発音 If I はくっついて "イフ (f) ァイ"、in your もくっついて "イニョ"。

表現 直訳すると「もし私があなたの靴を履いていたら」。文字通り 〜 in your place と言ってもよい。

0805 🔊 0805

It was far beyond my expectation.

それは私の期待をはるかに超えるものでした。

発音 beyond は yond にアクセント、expectation は ta にアクセント。

表現 beyond one's expectation で「〜の期待以上で」。

0806 🔊 0806

It's just one of those things.

よくある話だ。

発音 one of はくっついて "ワノヴ" または "ワナヴ"。

表現 one of those things で「よくあること、どうにもならないこと、起こるべくして起こること」。

0807 ◁)) 0807

It's like a dream come true.

願ってもないことだ。／願ったりかなったりだ。

発音 dream は "ドリーム" ではなく "ヂュィーム"、true は "トゥルー" ではなく "チュウゥー"。

表現 直訳すると「それは夢の実現だ」。

0808 ◁)) 0808

It's the least you can do.

せめてそのくらいしたっていいじゃないか。

発音 least を一番強調して発音する。最後の t は飲み込みで "リースッ○" の感じ。

表現 直訳すると「それがあなたのできる最小のことだ」。

0809 ◁)) 0809

It's[That's] too good to be true.

ちょっと話がうますぎる。

発音 good to はくっついて "グッ○トゥ"。

表現「真実にしては良すぎる」から、「話がうますぎる」という意味で使われる。

0810 ◁)) 0810

It's written all over your face.

それは顔に書いてあるよ。

発音 all over はくっついて "オーロヴァ"。

表現 all over one's face で「顔一面に」。顔の表情を見れば気持ちがわかる、ということ。

0811 ◁)) 0811

Just put yourself in my place.

僕の身にもなってくれ。

発音 put yourself はくっついて "プチョセォフ (f)"。

表現 put oneself in someone's place の形で「～の立場[身]になって考える」。比喩的な表現の～ in my shoes もよく使われる。

0812 ◁)) 0812

Let me put[say] it another way.

言い換えてみましょう。

発音 Let の t は飲み込まれる。また、put it はくっついて "プディッ○"。

表現 自分の言いたいことや意図をはっきりさせる時の表現。Let me rephrase that ... も同様。

0813 ◁)) 0813

Let me respond by saying that ...

私の回答はこうです…

発音 respond は pond のところと saying にリズムの山を置いて。

表現 that 以下で具体的な内容を述べる。

0814 ◁)) 0814

Let's flip a coin to decide.

コインを投げて決めよう。

発音 flip a はくっついて "フリッパ"。

表現 Let's toss a coin and decide. とも言う。

0815

🔊 0815

Let's take it from the top.

初めからやろう。

発音 take it はくっついて "テイキッ〇"。

表現 take it from the top の形で「初めからやり直す、初めから繰り返す」。

0816

🔊 0816

Let's talk about it over tea.

お茶でも飲みながらその話をしましょう。

発音 about it はくっつき、さらに最後の t は飲み込まれるので、"アバウディッ〇"。

表現 over tea[coffee] は、over a cup of tea[coffee] とも言う。

0817

🔊 0817

Long gone are the days when ...

…の時代はもう遠い昔のことだよ。

発音 Long, gone, days にリズムの山を置く。Long の ng は鼻に抜く。

表現 倒置法が使われている。

0818

🔊 0818

May I have your name again?

もう一度お名前を言ってくれませんか?

発音 name again はくっついて "ネイマゲンヌ (n)"。

表現 一度聞いたが忘れてしまったり、確認でもう一度聞きたいような場面で使われる。

0819 (音声 0819)

Only you could have done it.

さすがだね。／君だからできた。

発音 could の d は飲み込む。done it はくっつけて "ダニッ〇"。

表現 直訳すると「それができるのはあなただけだろう」。

0820 (音声 0820)

Please don't trouble yourself about me.

私のことなら心配なく。

発音 trouble の tr は一気に発音する。また、l は軽く流して "チュァボー"。

表現 trouble oneself で「心を痛める、心配する」。

0821 (音声 0821)

Please leave it as it is.

それはそのままにしておいてください。

発音 as it is は 3 語つなげて "アズィディーズ (z)"。

表現 as it is で「そのままに」。

0822 (音声 0822)

So what do we do now?

じゃあこれからどうする？

発音 what の最後の t は飲み込まれる。

表現 So, what's the plan? も同様。

0823　🔈0823

Thank you for your hard work.

ご苦労様でした。

発音 hard work は日本語でもハードワークと言うが、英語では d と k は飲み込まれるので "ハーッワーッ" のように聞こえる。

表現 この hard work は「勤勉」。a hard worker で「勤勉家、努力家」。

0824　🔈0824

Thank you very much for everything.

いろいろありがとうございます。

発音 everything の初めの "エ"(e) をはっきり発音する。

表現 やってもらった親切がたくさんある時に「全てのこと[何から何まで]、ありがとう」という言い方。

0825　🔈0825

That is exactly what I mean.

それがまさに私が言いたいことなんです。

発音 This is はくっついて "ディスィズ"。exactly の a は "エ" のように口角を横に引いて強く長めに発音する。what I はくっついて "ワタイ" または "ワライ"。

表現 exactly は「まさに、完全に」。

0826　🔈0826

That's all I have to say.

言いたいことはそれだけです。

発音 That's all I はくっついて "ダ (th) ッツォーライ"。have to は "ハヴトゥ" ではなく、"ハフトゥ" もしくは "ハフタ"。

表現「私の言いたいことはこれで全てです」という話の最後の方に言う言葉。

0827 ◁)) 0827

That's easy for you to say.

そんなこと言ったって。／言うのは簡単。

発音 easy はカタカナ語ではイージーと言うが、英語の発音では“イーズィ”。

表現 直訳すると「あなたにとっては言うことは簡単ですね」。

0828 ◁)) 0828

That's not how I see it.

私はそのようには思いません。

発音 see it はくっついて“スィーイッ○”。

表現 丁重な形で不賛成・不賛同を述べる時の表現。

0829 ◁)) 0829

That's not what you said before.

それでは話が違う。

発音 what you はくっついて“ワッチュ”、もしくは“ワルユ”。said は d を飲み込んで“セッ○”。

表現 That's not what I heard. や That's not what I was told. も同様。

0830 ◁)) 0830

That's the story of my life.

こういう運命なのさ。／いつもこの調子なんだ。

発音 story of はくっついて、of の v は飲み込んで“ストォリォヴ（v）”。

表現 直訳すると「それが私の人生の物語だ」だが、不運や残念なことがあった時など「私ってそういう運命なんだよね」「人生そんなもんさ」という感じで使われる。

0831 🔊0831

The ball is in your court.

今度はあなたの番です。

発音 in your はくっついて "イニョ"。

表現 直訳すると「ボールはあなた側のコートにあります」から、「あなたの番です」「決めるのはあなたです」という意味で使われる。

0832 🔊0832

This is a first for me.

初めてなんだ。

発音 This is a はくっつけて "ディ（th）スィザ"。first と for の f の音に注意する。

表現 This is the first time for me. も同様。

0833 🔊0833

This is between you and me.

これはあなたと私だけの秘密よ。

発音 you and me は一気に "ユウェンミー" のように発音する。

表現 between you and me で「ここだけの話として、内緒の話だが」。

0834 🔊0834

This is just what I wanted.

これ欲しかったの。

発音 what I はくっついて "ワライ"。wanted は d を飲み込んで "ウォンテッ○" もしくは "ワネッ○"。

表現 just（まさに、ちょうど）があるので、「まさにこれがそうだ」と強調される。

0835 ◁)) 0835

This is not what I ordered.

これは頼んで［注文して］いませんよ。

発音 not は強調してはっきり発音する。

表現 I didn't order this. も同様。

0836 ◁)) 0836

Those were the good old days.

あの頃は古き良き時代だった。

発音 good old days はつなげて "グッドォデイズ"。

表現 good old days は「懐かしい昔、古き良き時代」。

0837 ◁)) 0837

To make a long story short, ...

早い話が…

発音 make a はくっついて "メイカ"。

表現 直訳すると「長い話を短くすると」から「早い話が」「手短かに言うと」という意味になる。

0838 ◁)) 0838

To return to our main topic, ...

それはさておき…

発音 to our はくっついて "トゥアー"。return の turn と main と topic にリズムの山を持ってくる。

表現 main topic で「話の本筋」。

0839 ◁)) 0839

What can I do for you?

どんなご用件でしょう。

発音 What can I do は "ワッキャナイドゥ"。

表現 文字通り「私に何ができますか?」「何か手伝うよ」「何したらいい?」という意味で使われたり、店員などが客に「ご用件はなんですか?」と聞く時の決まり文句でもある。

0840 ◁)) 0840

What do you make of it?

それ、どう思う?

発音 make of it はくっついて "メイコヴィッ○"。

表現 make は「思う」の意味でも使われる。

0841 ◁)) 0841

What do you mean by that?

それはどういう意味ですか?

発音 What の t は飲み込みで "ワッ○"、もしくはアメリカ英語では What do you が "ワルユ" のようになる。

表現 相手の意味内容や意図をはっきりさせる時の表現。

0842 ◁)) 0842

When's[What's] a good day for you?

いつがいいですか?

発音 good day はくっついて "グッ○デイ"。

表現 When's good[convenient] for you? も同様。

0843　◁)) 0843

Whether you like it or not, ...

泣いても笑っても… ／ 好むと好まざると…

発音 like it or not は一気につながって“ライキドァナッ○”。

表現 Whether you の部分を省略して、Like it or not だけでもよく使われる。

0844　◁)) 0844

Would you do me a favor?

お願いがあるのですが。

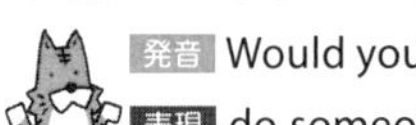

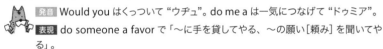

発音 Would you はくっついて“ウヂュ”。do me a は一気につなげて“ドゥミア”。

表現 do someone a favor で「～に手を貸してやる、～の願い[頼み]を聞いてやる」。

0845　◁)) 0845

Would you slow down a little?

もう少しゆっくり話してもらえますか？

発音 down a はくっついて“ダゥナ”。little の最後の l は“ル”ではなく軽く流すので“リト”もしくはアメリカ英語では“レロ”。

表現 相手のしゃべり方が速すぎる時に、ゆっくり話してもらうための表現。Speak a little more slowly. とも言う。

0846　◁)) 0846

You can't have it both ways.

両立は無理だよ。

発音 can't の t は飲み込んでよいが、ピッチは必ず上げる。have it はくっついて“ハヴィッ○”。

表現 直訳は「両方の道を選ぶことはできない」。

0847 🔈0847

You have to lie in it.

自業自得だよ。

発音 lie in it は全てくっついて t を飲み込んで "ライィニッ○"。

表現 「自分で作った巣の中に寝なければならない」という意味。

0848 🔈0848

You may not believe this, but ...

信じないかもしれないけど…

発音 may は軽く not を強調する。not や but の t は飲み込んで "ナッ○""バッ○"。

表現 this はこれから話す内容を指している。

0849 🔈0849

You take care of number one.

我が身のことだけ考えるんですね。

発音 take care of はくっついて "テイッ○ケァろヴ"。

表現 number one は「自分自身、自己の利益」。

0850 🔈0850

You've gone back on your word!

約束を破ったな！

発音 back on your はくっついて "バーコンニョ"。

表現 go back on one's word で「言ったことをやらない」。

0851

0851

Your secret is safe with me.

秘密はしっかりと守りますよ。

発音 secret は “シークレット” ではなく “スィークれッ〇”。with me は th を軽くして “ウィッミィ” のように。

表現 直訳は「あなたの秘密は私と一緒にいて安全です」。

7語で話そう

ややや長めのフレーズに挑戦！ スラスラ滑らかに言えるでしょうか？ 強弱のリズムに気をつけて！

学習フレーズの例：It won't take much of your time.「それほど長くはかかりませんよ」/ You'll get the hang of it soon.「コツはすぐにつかめますよ」

0852 ◁)) 0852

All good things come to an end.

楽しいことには必ず終わりがある。

発音 All の語尾は軽い "ゥ" で、"ル" と発音しない。to an end はくっついて "トゥアネンッ○"。

表現 All good things must come to an end. とも言う。

0853 ◁)) 0853

Come on, get in on the act.

来て仲間に入れよ。

発音 get in on the act は一息で "ゲディノニアークッ○"。

表現 get in on または get into で「仲間に入る」。

0854 🔊 0854

Could you explain that in more detail?

もっと詳しく説明していただけますか？

発音 Could you はくっついて "クヂュ"。

表現 in more detail は「さらに詳細に、もっと詳しく」。相手の意味内容や意図をはっきりさせる時の表現。

0855 🔊 0855

Do I have to paint a picture?

まだわかりませんか？

発音 do I は "ドゥワィ"。have to は濁らず "ハフ (f) トゥ" または "ハフ (f) タ"。paint a はくっついて "ペインタ"。

表現「絵まで描かないといけない[わからない] のですか？ と」いう意味。

0856 🔊 0856

Don't let it out of this room.

ここだけの話にしてください。

発音 Don't の t は飲み込んで "ドウンッ○"。let it はくっついて "レリッ○"。out of はくっついて "アウトヴ" または "アウラ"。

表現 直訳は「この部屋から漏れさせないでくれ」。

0857 🔊 0857

How dare you say such a thing?

よくもそんなことが言えるね。／ よく言うよ。

発音 dare は da を強く発音して "デァ"。such a はくっついて "サチャ"。

表現 How dare で「よくも～できるね」。

0858 🔈0858

I didn't quite catch what you said.

君の言ったことが聞き取れなかったよ。

発音 didn't の t、quite の te は飲み込む。what you はくっついて "ワッチュ" もしくは "ワルユ"。

表現 この catch は「捕まえる」ではなく、「聞き取る」の意味。

0859 🔈0859

I don't mean[want] to upset you, but ...

驚かすつもりはないが…

発音 don't の最後の t は飲み込む。upset you はくっついて "アプセッチュ" もしくは t を飲み込んで "アプセッ○ユ"。

表現 upset は「～を動揺させる、狼狽させる、怒らせる」。

0860 🔈0860

I don't want to tell you this ...

これは言いたくないんだけど…

発音 want の t と to の t、tell you もくっついて "ウォントゥテリュ"。

表現 反対に「これは言いたい」なら、I want to tell you this。

0861 🔈0861

I feel like I don't belong here.

場違いな感じがします。

発音 feel の l は like の l と一緒にし、like I はくっつけるので、feel like I で "フィーライカイ"。

表現 この belong は「(人が) いるべき所にいる、(～に) 合っている」。

0862 🔈0862

I have nothing to do with it.

私はそれとは関係がありません。

発音 with it はくっついて “ウィデ（th）ィッ〇”。

表現 have nothing to do with の形で「～と関係［関連］がない」、have something to do with なら「～と関係［関連・かかわり］がある」。

0863 🔈0863

I hope you have a wonderful day!

素晴らしい一日をお過ごしください。

発音 hope you はくっついて “ホウピュ”。have a もくっついて “ハヴァ”。

表現 wonderful の部分は great, fantastic などバリエーション豊か。

0864 🔈0864

I made a slip of the tongue.

つい口を滑らせてしまった。

発音 made a はくっついて “メイダ”、slip of もくっついて “スリッパヴ（v）”。tongue は “タング（ng）” で、最後の “ング” は鼻に息を流して発音。

表現 slip of the tongue で「失言、言い間違い、口を滑らすこと」。

0865 🔈0865

I said it just for a joke.

今のはジョークだよ。

発音 said it はくっついて “セディッ〇” のように、for a はくっついて “フォら”。

表現 I said it just for fun. も同様。

0866 🔊0866

I was just going to say that.

今それを言おうとしたの。

発音 just の t は飲み込む。going to はくだけると gonna になるので、just going to で "ジャスガナ" のようになる。

表現 was just going to ～ の形で「ちょうど～しようとしてたんだよ」。

0867 🔊0867

I'll be more careful from now on.

これからはもっと気をつけます。

発音 I'll の ll も careful の最後の l も軽く流すので、それぞれ "アォ"、"ケアフォ"。

表現 from now on で「今後は、これから（先）は」。

0868 🔊0868

I'll take a rain check this time.

次の機会にするよ。

発音 take a はくっついて "テイカ"。

表現 rain check は「雨天順延入場券、売り切れ商品の後日購入券、延期」などの意味がある。もともとは、スポーツなどの野外イベントが雨で中止になった時などにもらう振り替え券。

0869 🔊0869

I'll take my hat off to you.

あなたには脱帽です。

発音 take, hat, off, you にリズムの山を置いて。

表現 日本語のイディオムと同じ。

0870 　　🔊 0870

I'll try as hard as I can.

一生懸命頑張ります。／ 頑張らなくっちゃ。

発音 try, hard, can にリズムの山がくる。try は “トライ” ではなく “チュアーィ”。hard as はくっつけて “ハーダズ”。

表現 as ～ as one can で「できるだけ～」。

0871 　　🔊 0871

I'm happy with the way it is.

現状に満足しています。

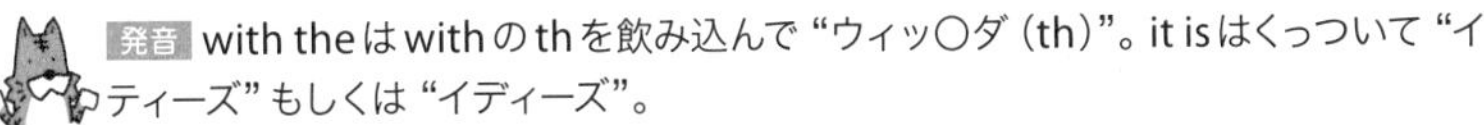

発音 with the は with の th を飲み込んで “ウィッ〇ダ (th)”。it is はくっついて “イティーズ” もしくは “イディーズ”。

表現 way it is で「現状」。

0872 　　🔊 0872

I'm looking forward to seeing you again.

またお会いできることを楽しみにしています。

発音 looking の ng は鼻から抜いて、forward の d は飲み込み。seeing you はくっついて “スィーンギュ”。

表現 look forward to の後が ing 形になることに注意。

0873 　　🔊 0873

I'm ready to throw in the towel.

もう降参だ。

発音 ready, throw, towel にリズムの山がくる。towel はカタカナ語と少し発音が違い “タウァゥ” のような感じ。

表現 throw in the towel で「(ボクシングで敗北を認める印として) タオルを投げ入れる、降参する」。

0874 ◁)) 0874

I'm seeing you in a new light.

見直したよ。

発音 seeing you はくっついて“スィーンギュ”、in a もくっついて“イナ”。

表現 see ～ in a new light は直訳すると「～を新しい灯で見る」から「～を新しい見地から見る、～の新しい面を見る」という意味になる。

0875 ◁)) 0875

I'm sick and tired of hearing that.

それはもう聞きあきた。

発音 sick and tired は一気につながって“スィッケンタイァーッ○”。

表現 sick and tired of で「～にはうんざりで、～に愛想が尽きて」。

0876 ◁)) 0876

I'm sorry I couldn't meet your expectations.

ご期待に沿えなくてすみません。

発音 meet your はくっついて“ミーチョ”。

表現 meet someone's expectations で「～の期待に沿う[応える]」。

0877 ◁)) 0877

It is of no interest to me.

全然おもしろくないよ。／全く関心ないね。

発音 It is of はくっついて“イリゾヴ”。interest の t は飲み込むので interest to me で“インタれスッ○トゥミィ”。

表現 of interest で「興味のある」。

0878 🔊 0878

It took a load off my mind.

それで気が楽になりました。

発音 took a はくっついて“トゥカ”、load off もくっついて“ロードフ（f）”。

表現 take a load off someone's mind の形で、「～の肩の荷を下ろす、気がかりを取り除く」。

0879 🔊 0879

It wasn't supposed to go this way.

こんなはずじゃなかった。

発音 wasn't supposed to はつながって“ワズンッ○サポウスッ○トゥ”。

表現 It wasn't what I expected. も同様。

0880 🔊 0880

It will do for the time being.

とりあえずそれで間に合うだろう。

発音 It will do は“イッ○ウォドゥ”もしくは“イロォドゥ”。

表現 この do は「する」ではなく、「役に立つ、間に合う」の意味。

0881 🔊 0881

It won't take much of your time.

それほど長くはかかりませんよ。

発音 won't は“オゥ”を意識して“ウォゥンッ○”。much of your はくっついて“マチョヴョ”。

表現 won't は will not の短縮形。

0882 🔊0882

It's a real pain in the neck.

腹立たしい。

発音 pain in the neck は一気につながって “ペィニンダ (th) ネッ〇”。

表現 a pain in the neck は直訳で「首の痛み」だが、「頭痛[悩み] の種、困ったこと、面倒」などの意味で使われる。

0883 🔊0883

It's going to be a long story.

話せば長くなるのですが。

発音 be a はくっついて “ビァ”。going to がくだけて gonna になれば It's going to be a で “イツガナビァ”。

表現 It's a long story. も同様。

0884 🔊0884

It's[That's, They're] just the tip of the iceberg.

それは氷山の一角だ。

発音 just の t は飲み込みでジャスッ〇ダ」」(th)、tip of はくっついて “ティパヴ (v)。

表現 tip of an[the] iceberg で「氷山の一角」。

0885 🔊0885

It's not the end of the world.

これで全てが終わりというわけではない。

発音 not の t は飲み込んで、end of はくっつくので、“イツナッディ (th) エンダヴ (v) ダ (th) ワァーゥ”。

表現 the end of the world で「世の終わり」。

0886 ◁)) 0886

Let me repeat what I said earlier.

前に言ったことを繰り返させてください。

発音 Let me は "レッミー"。what I はくっついて "ワライ"。said は "セッ○"。

表現 earlier は「前に、さきほど」。

0887 ◁)) 0887

Let me take back what I said.

あの話はなかったことにしてください。

発音 back と said にリズムの山を置いて。back の a は口角を横に引いて長めに。

表現 take back は「(言葉・約束などを) 取り消す、撤回する」。

0888 ◁)) 0888

Let's not go through all that again.

その話をまた蒸し返すのはやめようよ。

発音 all の l は "ル" とはっきり発音せず "オー" のように軽く流す。that again はくっつけて "ダダゲンヌ"。

表現 go through は「話し合う」「体験する」。

0889 ◁)) 0889

Little did I dream of seeing you.

君に会うとは夢にも思いませんでした。

発音 little は "リト" ではなくまたは "レロ"。did I はくっついて "ディダーィ"。dream of はくっついて "ヂュィーモヴ"。

表現 little did I dream ... で「〜とは夢にも思わなかった」。

0890 🔊 0890

May I ask a favor of you?

お願いがあるのですが。

発音 May I はくっついて “メアーィ”、ask a もくっついて “アスカ”、favor of you もくっついて “フェイヴァロヴュ”。

表現 Can[Would] you do me a favor? も同様。

0891 🔊 0891

My hands are full at the moment.

今、もう手がいっぱいなんですよ。

発音 at the は at の t が飲み込まれるので “アッダ（th）”。moment は “モーメント” ではなく “モゥメンッ〇”。

表現 日本語でも仕事などで「手がいっぱい」というが、英語でも someone's hands are full と言う。

0892 🔊 0892

Never judge a book by its cover.

外見で中身を判断してはいけません。

発音 judge a はくっついて “ヂャッヂャ”。by its もくっついて “バイツ”。

表現 本の良し悪しは表紙だけでは判断しきれないことから。比喩的に人にも使われる。

0893 🔊 0893

Please hear what I have to say.

私の言うことをキチンと聞いてください。

発音 what I は “ワタイ” または “ワライ”。have to は濁らず “ハフ（f）トゥ” または “ハフ（f）タ”。

表現「キチンと最後まで聞く」という時には hear me out もよく使われる。

0894 🔊0894

So good to hear your voice again.

またあなたの声が聞けてとてもうれしいよ。

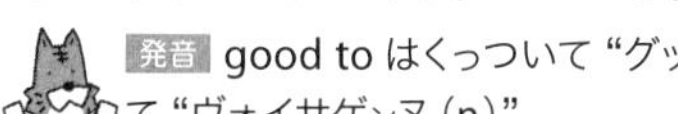

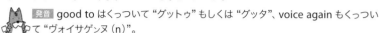

発音 good to はくっついて “グットゥ” もしくは “グッタ”、voice again もくっついて “ヴォイサゲンヌ (n)”。

表現 冒頭の It's が省略されている。

0895 🔊0895

Tell me if you change your mind.

気が変わったら言ってね。

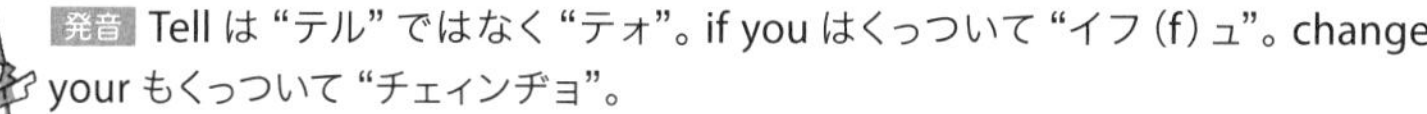

発音 Tell は “テル” ではなく “テォ”。if you はくっついて “イフ (f) ュ”。change your もくっついて “チェィンヂョ”。

表現 誘いなどを断られた場合に使う表現。

0896 🔊0896

That's a good deed for the day.

それは良いことをしたね。

発音 That's a はくっついて “ダツァ”。

表現 deed は「行い」。

0897 🔊0897

That's about all you need to know.

あなたが知っておく必要があるのはだいたいこれで全部です。

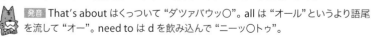

発音 That's about はくっついて “ダツァバウッ〇”。all は “オール” というより語尾を流して “オー”。need to は d を飲み込んで “ニーッ〇トゥ”。

表現 all you need to know は「～さえわかっていればよい」。

0898 ◁)) 0898

That's not the end of the story.

それだけじゃない。

発音 not の t は飲み込んで、end of はくっつくので “ダ（th）ツナッディ（th）エンダヴ（v）ダ（th）ストォり”。

表現 end of the story は「話の終わり[結末]」。

0899 ◁)) 0899

The fact of the matter is that ...

それは実のところ…

発音 fact of はくっついて “ファクタヴ”。matter is that はくっついて “マタりズダーッ〇”。

表現 直訳は「問題の真実は…」。

0900 ◁)) 0900

This is more than I can bear.

これは私には耐えられません。

発音 This, more, I, bear にリズムの山を置いて。

表現 bear は「耐える」。

0901 ◁)) 0901

This[That] is much better than last time.

前よりずっと良かったよ。

発音 last の最後の t が time の最初の t に吸収されて “ラースッターィム（m）”。

表現 相手を褒めて激励する時の表現。

0902 ◁)) 0902

You can take my word for it.

それは確かだよ。

発音 for it は続けて“フォィッ○”のように発音する。最後の t は飲み込まれる。

表現 take someone's word for it で「～の言葉を信じる、信用する」。

0903 ◁)) 0903

You have to draw a line somewhere.

どこかで線引きをしないとね。

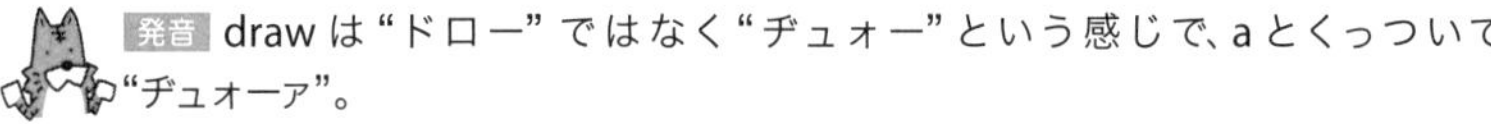

発音 draw は“ドロー”ではなく“ヂュォー”という感じで、a とくっついて“ヂュオーア”。

表現 draw a line で「線を引く」。

0904 ◁)) 0904

You should have told me that first.

それを早く言えよ。

発音 should have はくっついて“シュダヴ (v)”。told me の told は l を流し、d を飲み込んで、“トォミー”。

表現 first の代わりに earlier を使うこともある。

0905 ◁)) 0905

You'll get the hang of it soon.

コツはすぐにつかめますよ。

発音 hang of it はくっついて“ハンゴヴィッ○”。

表現 get the hang of で「～のコツ[方法]がわかる[を飲み込む]」。

8語で話そう

さらに語数の多いフレーズの練習です。それぞれ、相手の人に話す感じで言ってみよう！

学習フレーズの例：I never knew it could be like this.「こんなふうになるとは思わなかった」/ This is a little token of our gratitude.「これは私たちのほんの感謝の印です」

0906 　　🔈0906

Could you speak a little bit louder, please?

もう少し大きな声で話していただけますか？

発音 little は“リト”または“レロ”。bit は t を飲み込むので、a little bit で“アリトビッ〇”または“ァレロベッ〇”。

表現 本来は speak more loudly だが、実際にはこのように speak louder の形で言うことの方が多い。

0907 　　🔈0907

Don't put a crazy idea into his head.

あいつに変な考えを吹き込むんじゃないよ。

発音 put a はくっついて“プタ”または“プダ”。idea は dea のほうにアクセントなので注意。

表現 put idea in(to) someone's head で「考えを人に吹き込む」。

0908

🔊 0908

I can't ask you to do that much.

そこまでお願いすることはできません。

発音 ask you はくっついて"アスキュ"。that much の that は強調表現なのでピッチが上がる。

表現 I can't ask you to do all that for me. も同様。

0909

🔊 0909

I can't give you a definite answer yet.

はっきりしたことは、今はまだ答えられません。

発音 give you a はくっついて"ギヴュァ"。definite と yet は語尾の t を飲み込む。

表現 definite answer は「確かな返事、最終的な回答」。

0910

🔊 0910

I can't put up with it any longer.

もう勘弁できない。／我慢できない。

発音 put up は"プダッ○"、with it は"ウィズィッ○"。

表現 put up with は「耐える、我慢する」。

0911

🔊 0911

I can't tell you how sorry I am.

お詫びの言葉もありません。

発音 tell you はくっついて"テリュ"。文末にくる I am は am を強調して"アィエーム"。

表現「言葉では言えないほど[表現できないほど]申し訳ないと思っています」という意味。

0912 ◁)) 0912

I can't wait to see what could[will] happen.

ハラハラするよ。

発音 wait の最後の t を飲み込んで wait to は "ウェイッ○トゥ"。また、what と could の最後の音は飲み込む。

表現 直訳すると「何が起こるのかを見るのが待ちきれない」。

0913 ◁)) 0913

I don't have any particular likes or dislikes.

私は好き嫌いはありません。

発音 particular は真ん中の ti（ティ）を強く発音する。likes or はくっついて "ライクソー"。

表現 likes and dislikes で「好き嫌い、得意不得意、得手不得手」。

0914 ◁)) 0914

I don't know how to express my sympathy.

同情の言葉もありません。

発音 don't の最後の t は飲み込まれる。sympathy は初めの s の音と最後の th の音の違いに注意。

表現 express one's sympathy で「賛同［同情・哀悼］の意を表する、悔やみを述べる」。

0915 ◁)) 0915

I don't know whether it's true or not.

本当かどうかは知らない。

発音 don't の最後の t は飲み込まれる。true or not はくっついて "チュゥーオナッ○"。

表現 I don't know if it's true. も同様。

0916

I got a real kick out of it.

0916

あれにはしびれたね。／興奮した。

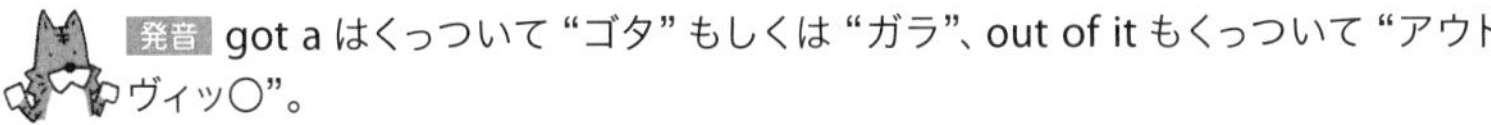

発音 got a はくっついて “ゴタ” もしくは “ガラ”、out of it もくっついて “アウドヴィッ○”。

表現 get a kick で「スリルを感じる、スカッとする、しびれる」。

0917

I hardly expected anything like this to happen.

0917

こんなことになろうとは思いも寄らなかった。

発音 like の ke は飲み込まれ、すぐ this が続くので、“ライッ○ディ（th）ス”。

表現 hardly は副詞で「ほとんど～ない、とても～ない」。

0918

I haven't seen you for a long time.

0918

久しぶりですね。

発音 seen you はくっついて “スィーニュ”。

表現 直訳すると「私は長い間あなたを見かけることがなかった」。

0919

I hope I haven't kept you waiting long.

0919

長くお待たせしてないといいのですが。

発音 kept you はくっついて “ケプチュ”。

表現 遅れて着いた時に、相手に「長くお待たせしていなかったといいのですが」と言う時の表現。はっきり「長く待たせましたか?」と聞くなら Have you been waiting long?

0920

◁)) 0920

I know a thing or two about it.

それについてはある程度知っています。

発音 know a はくっついて “ノウワ”。thing or もくっついて “ティ (th) ンゴォー”。about it もくっついて “アバウティッ○”(アメリカ英語では “アバウデッ○”)。

表現 know a thing or two about ～で「～については一つや二つ知っている」。

0921

◁)) 0921

I never knew it could be like this.

こんなふうになるとは思わなかった。

発音 it の t、could の d は飲み込むので、it could be は “イッ○クッ○ビー”。

表現 never があることで、「今まで全然知らなかった」というような意味の強調が感じられる。

0922

◁)) 0922

I tried every possible means, but in vain.

あらゆる手段を講じてみたが、だめだった。

発音 every possible をそれぞれはっきり発音すると気持ちが伝わる。but in はくっついて “バティンヌ (n)” もしくは “バディンヌ (n)”。

表現 in vain で「無駄に、むなしく」。

0923

◁)) 0923

I want it finished as quickly as possible.

大至急やってもらいたい。

発音 want it はくっついて “ウォンティッ○” もしくはアメリカ英語では “ウォニッ○”。possible は “ポッシブル” ではなく “ポースィボ”。

表現 as quickly as possible で「できるだけ早く、早急に」。

0924 ◁)) 0924

I was against the idea from the start.

私はその考えに最初から反対だった。

発音 against の t は飲み込むので against the で “アゲィンスッディ (th)”。

表現 from the start で「初めから、最初から」。

0925 ◁)) 0925

I was at the end of my rope.

私はもう後がありませんでした。

発音 at the は t を飲み込んで “アッ〇ディ”。end of はくっついて “エンドヴ”(アメリカ英語では “エナヴ”)。

表現 at the end of one's rope で「万事休すで、崖っぷちで」。

0926 ◁)) 0926

I will keep my fingers crossed for you.

幸運を祈るよ。

発音 keep my は “キープ・マイ” とせず、keep の p で唇を閉じたらそれを開くついでにそのまま my の m へ行けばよい。

表現 人差し指に中指を絡ませるジェスチャーが他人の幸運を祈ることを意味することから。

0927 ◁)) 0927

I'd like to ask you for your help[cooperation].

ご協力お願いします。

発音 ask you はくっついて “アスキュ”。help は “ヘォプ”。cooperation は “コウアペれイシン”。

表現 I'd[I would] like to は、意味は I want to と同様だが丁寧な言い方になる。

0928 ◁)) 0928

I'd like to see you again some day.

今度また会いたいですね。

発音 see you again はくっついて "スィユァゲンヌ (n)"。

表現 some day は「いつか」。

0929 ◁)) 0929

I'd like to talk with you in person.

個人的にお話ししたいのですが。

発音 I'd の d と、like の ke は飲み込みで、"アィッ○ライッ○"。

表現 in person は personally. でも同様。

0930 ◁)) 0930

I'll get back to you on[about] this later.

この件に関しては、いずれあらためて連絡します。

発音 get と back はどちらも最後の音が飲み込まれる。

表現 ちょっと時間をもらって、後で連絡し直すような場面で使われる。

0931 ◁)) 0931

I'll see you at the usual place tomorrow.

明日いつもの所でお会いしましょう。

発音 at the は at の t を飲み込んで "アッ○ディ (th)"。usual は "ユージュォ"。

表現 usual は「いつもの、通常の」。

0932 ◁)) 0932

I'm asking this merely to satisfy my curiosity.

今後の参考のためにお尋ねしたいのですが。

発音 curiosity は真ん中の "オ"(o) を強くはっきり発音する。

表現 satisfy someone's curiosity で「〜の好奇心を満たす」。

0933 ◁)) 0933

I'm glad to see the back of it.

その問題がなくなってせいせいしてるよ。

発音 glad to は飲み込みで "グラッ〇タ"。back of it はくっついて "バーコヴィ"。

表現 back は去っていくものやこと、あるいは人の背中を表している。特に、嫌な人がいなくなってホッとした時などにポロッと使われることが多い。

0934 ◁)) 0934

I'm not interested in that kind of stuff.

そういうことには興味ないんだ。

発音 kind of はくっついて "カインドヴ (v)" もしくはアメリカ英語では "カイナヴ (v)"。

表現 be interested in で「〜に興味がある」。

0935 ◁)) 0935

I'm sorry if I caused you any inconvenience.

ご不便をおかけして申し訳ありません。

発音 if I はくっついて "イフ (f) ァィ"。inconvenience は真ん中の "ヴィ" を強くはっきり発音する。

表現 inconvenience の代わりに trouble や difficulty も使われる。

0936 ◁)) 0936

I'm sorry to have troubled you so much.

いろいろご心配をおかけしてすみません。

発音 troubled you はくっつくので "チュァボーヂュ"。

表現 この trouble は動詞で「～に面倒[迷惑]をかける、～に心配をかける」などの意味。

0937 ◁)) 0937

I've taken every step that should be taken.

打つべき手はみな打ってある。

発音 that should be はくっついて "ダ（th）ッ○シュッ○ビー"。

表現 take every step は「あらゆる措置を取る」。

0938 ◁)) 0938

Is there anything I can do for you?

何かできることはありますか？

発音 Is, any(thing), I, do, you にリズムを置くと言いやすい。

表現 Is there anything I can do to help? のように言うこともできる。できることがない時は There's nothing I can do.

0939 ◁)) 0939

It was not as good as I expected.

それは期待外れだった。

発音 as good as は一気に流れるように "アズグダズ" と発音する。

表現 It wasn't what I expected. も同様。

0940 ◁)) 0940

It's not like you to behave like that.

そんなことをするなんて、あなたらしくないですね。

発音 like you はくっついて “ライキュ”。like that はそれぞれ語尾の k と t を飲み込んで “ライッ○ダ (th) ッ○”。

表現 この like は「～に似た、～のような」。

0941 ◁)) 0941

It's right on the tip of my tongue.

〔言葉などが〕のどまで出かかっているんです。

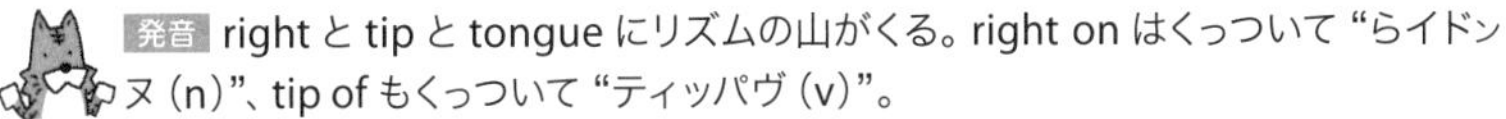

発音 right と tip と tongue にリズムの山がくる。right on はくっついて “らイドゥヌ (n)”、tip of もくっついて “ティッパヴ (v)”。

表現 on the tip of one's tongue は文字通り「舌先で」という意味の他に、「(思い出そうとしている言葉などが) 口先[のど] まで出かかって」という意味もある。

0942 ◁)) 0942

It's very kind of you to say so.

そう言ってもらえてうれしいです。

発音 kind of you はくっついて “カインドヴュ”。

表現 「手伝ってもらえてうれしいです」なら、It is very kind of you to help me. などと応用がきく。

0943 ◁)) 0943

May I talk to you for a moment?

ちょっとお話ししていいですか?

発音 for a はくっついて “フォら”。moment は t を飲み込んで “モゥメンッ○”。

表現 for a moment は「少し[ちょっと] の間」。

0944 🔊0944

Neither of those choices sounds workable to me.

どちらの選択肢も私にはダメなように思えます。

発音 Neither は "ニィダ（th）ァ" もしくは "ナイダ（th）ァ"。workable は "ワーカブル" ではなく "ワーカボー"。

表現 sound は「〜に聞こえる、思える」。

0945 🔊0945

Please don't interrupt me while I am speaking.

私が話をしている時にいちいち口を挟まないでくれますか。

発音 don't と interrupt は語尾の t を飲み込んで。while I am はくっついて "ワイライム"。

表現 interrupt は「さえぎって邪魔する」という意味。

0946 🔊0946

Sorry, I did not mean to be rude.

ごめんなさい、失礼なことをするつもりじゃなかったんですよ。

発音 not は t は飲み込むが、ピッチ一番高く。rude は r の発音に気をつけて。

表現 I didn't mean to 〜 で「〜するつもりはなかった」。I didn't mean it. と言えば「そういうつもりじゃなかった」。I mean it. なら「そういうつもりだよ」「本気だよ」。

0947 🔊0947

That's the best I can do for now.

それが私が今できる最良のことです。

発音 the や for は弱く速く発音する。

表現 for now は「差し当たり、当分は」。

0948

This is a little token of our gratitude.

これは私たちのほんの感謝の印です。

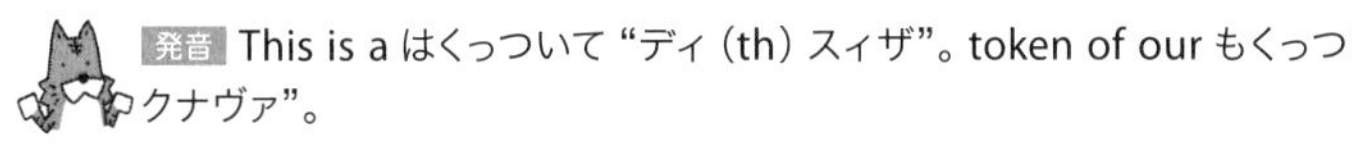

発音 This is a はくっついて “ディ（th）スィザ”。token of our もくっついて “トウクナヴァ”。

表現 token of one’s gratitude で「感謝の印」。

0949

This is why we can’t have nice things.

はぁ～、だからうまくいかないんだよなぁ。

発音 why, can’t, nice にリズムの山を置いて。

表現 せっかくやったものを台無しにしてしまった人に対しての嫌味。

0950

We will consider it in a positive light.

前向きに検討します。

発音 in a はくっついて “イナ”。

表現 positive は「前向きの、肯定的な」。

0951

What on earth are you trying to say?

いったい何が言いたいのですか？

発音 What on earth はくっついて “ワトナース” または “ワロナース”。trying は “トライング” ではなく “チュァイン”。

表現 What are you trying to say? に強調の on earth（一体全体）が加わった表現。

0952 🔊 0952

You have a good head on your shoulders.

あなたは頭の回転が速いですね。

発音 good head はそれぞれ d を飲み込んで “グッ〇ヘッ〇”。on your はくっついて “オニョ”。

表現 直訳は「あなたは肩の上に良い頭を持っていますね」。

0953 🔊 0953

You have to walk before you can run.

基礎ができてなきゃ応用なんて無理だからね。

発音 walk のところで一度コンマを置くようなつもりで読むとよい。

表現 直訳は「走れるようになる前に歩けるようになる必要がある」。

0954 🔊 0954

You look a little rough around the edges.

険悪そうな顔をしているね。

発音 look a little は l の発音に気をつけて “ルカリト” または “ルカレロ”。around the は d を飲み込んで “アラゥンッ〇ディ”。

表現 rough around the edges は「角がザラザラしている」から「険悪な」。

0955 🔊 0955

You seem to be in a good mood.

ご機嫌だね。

発音 be in a はくっついて “ビィイナ”。good mood の最後の d は飲み込まれるので “グッ〇ムゥーッ〇”。

表現 in a good mood で「機嫌が良い」。

Column 06

とっさに一言「おめでとう!」

代表的な会話の展開に慣れましょう。このようなちょっとしたハプニングは日常会話によく起こりますよね。そのときにでも、すぐに「おめでとう」「よかったね」などの言葉をとっさに言ってあげたいものです。。

※【　】内の数字は本書収録（またはその応用）のフレーズ番号です。

A: Hi! How are you, **Paul**?

B: Great! **Masa**. And you?

A: I'm okay. Hey, **Paul**, have a seat. I need to talk to you about something.

B: Sure, what is it?

A: Well, you know how I've been working on this project for months, right? ... Are you with me, **Paul**?

B: Yeah, of course. I know how hard you've been working on that ...

A: (incoming E-mail の音) Guess what? I just got an email from the boss, **Paul**. He said he loved my work and he wants to promote me to a senior position!

B: Wow, that's amazing! **Congratulations**, **Masa**!

A: Thanks, **Paul**! I'm so happy and excited.

A: **ポール**、どう調子は？

B: うん、最高だよ。**マサ**、君の方は？

A: まあまあだね。【0227】ねえ、**ポール**、座ってくれるかな。話したいことがあるんだ。

B: もちろん、【0026】どうしたんだい？

A: ええと、【0028】僕がこのプロジェクトに何ヶ月もずっと取り組んでいることを知っているよね？ ... ねえ、**ポール**、言っていることがわかる？【0394】

B: うん、もちろん、わかるよ。君は一生懸命にやっていたよ ...

A: （メールが届いた音）えっ、こんなことってあるの？【0049】ちょうど、上司からメールが来んだよ、**ポール**。私の仕事を気に入ってくれたと言ってて、私を上席に昇進させたいって！

B: うわあ、【0032】すごいじゃないか、【0002】**マサ**！ **おめでとう**！

A: ありがとう、**ポール**！ とても嬉しくて興奮してるよ。

9語で話そう

長いフレーズにもだいぶ慣れてきましたか？ リズムやイントネーションに注意しよう！

学習フレーズの例：I was at a loss about what to do.「どうしてよいかとまどった」/ I would appreciate it if you could help me.「手伝っていただけると、ありがたいのですが」

0956 　0956

Come in and take a load off your feet.

さあさあ中に入ってくつろいでください。

発音 "カミーヌ・エンテイカロウッ・オーフ（f）ョフ（f）ィーッ○"の3つのかたまりで言うとよい。

表現 take a load off one's feet は「脚から（上半身という）荷物を下ろす」の意味。

0957 　0957

Don't think it has nothing to do with you.

他人事じゃないだろう。

発音 Don't think, nothing, do にリズムの山を置いて。

表現 have nothing to do で「何の関係もない、無関係である」。

0958 ◁)) 0958

How many times do I have to tell you?

何回言ったらわかるの?

発音 do I は “ドゥワィ”。tell you はくっついて “テリュ”。

表現 あきれたり怒っている場面で使われる。

0959 ◁)) 0959

I am sorry, but could you repeat that, please?

申し訳ありませんが、もう一度言っていただけませんか?

発音 but, repeat, that は全て語尾の t を飲み込みで。

表現 とても丁寧な言い方。

0960 ◁)) 0960

I hate to bring you down to earth, but ...

現実に引き戻すようで悪いけど…

発音 hate to は te を飲み込んで “ヘイッ〇トゥ”。bring you はくっついて “ブリンギュ”。

表現 「天国にいる気分の人を地上に引き戻すのはイヤなんだけど…」ということ。

0961 ◁)) 0961

I have a lot of things to tell you.

あなたにいろいろ話したいことがあるのですが。

発音 have a はくっついて “ハヴァ”、lot of もくっついて “ララヴ”。

表現 I have so much to tell you. も同様。

0962 ◁)) 0962

I hope we'll be able to get together again.

またご一緒できるといいですね。

発音 able の le は軽く "ゥ" ですぐに to が続くので、able to は "エイボートゥ"。get together はくっついて "ゲットゥギャダ（th）"。

表現 I hope we'll meet again sometime. も似た表現。

0963 ◁)) 0963

I think we have more than those two alternatives.

これら 2 つ以外にも選択肢はあると思います。

発音 alternatives は ter にアクセントを置いて "オターナティヴス"。

表現 alternative は「（別の）選択肢」。

0964 ◁)) 0964

I was a big fish in a small pond.

私は井の中の蛙大海を知らずだったのです。

発音 I was a はくっついて "アィワザ"。in a もくっついて "イナ"。small は "スモール" ではなく "スモー"。

表現 英語では「小さい池の中の大きな魚」と言う。

0965 ◁)) 0965

I was at a loss about what to do.

どうしてよいかとまどってしまったよ。

発音 at a loss は一気につなげて "アタロース" または "アラロース"。about と what の t は飲み込む。

表現 I was at a loss as to what to do. も同様。

0966 ◁)) 0966

I was like a kid in a candy store!

大はしゃぎしちゃった。

発音 like a はくっついて “ライカ”。kid in a もくっついて “キーディナ”。

表現 直訳は「私はまるでキャンディストアにいる子供のようだった」。

0967 ◁)) 0967

I will let you off the hook this time.

今回は見逃してあげるよ。

発音 let, off, hook, time にリズムの山を置いて。

表現 off the hook で「責任を免れる」。

0968 ◁)) 0968

I would appreciate it if you could help me.

手伝っていただけると、ありがたいのですが。

発音 appreciate it はくっついて “アプリシエィデッ○”。could の d と、help の p の音は飲み込む。

表現 I would appreciate it if you could ～は「もし～していただけるのなら、うれしいのですが…」という決まった表現。

0969 ◁)) 0969

I'd like to talk with the person in charge.

責任者と話がしたい。

発音 I'd の d と、like の ke、with の th は飲み込む。person in はくっついて “パーソニンヌ (n)”。

表現 person in charge は「担当者」。in charge のところを responsible に変えると「責任者」。talk with の代わりに talk to も使われる。

0970 🔊0970

I'm afraid I've taken too much of your time.

どうも長い間おじゃまいたしました。

発音 I'm afraid, of your はそれぞれくっついて "アィマフ (f) れィッ○"、"ォビョ"。

表現 too much は「余分の、過剰の、過度の」。

0971 🔊0971

I'm sorry, but I don't understand what you're saying.

すみません、あなたのおっしゃることがよくわからないのですが。

発音 but I はくっついて "バライ"、what you're もくっついて "ワッチュア"。

表現 I'm sorry, but I don't understand what you mean. も同様。

0972 🔊0972

I've been under the weather for the past week.

ここ一週間くらい体調がすぐれなかったんだ。

発音 I've been は軽く "アイビン" でよい。under, weather, past, week にリズムの山を置いて。

表現 under the weather で「具合が悪い」。もっとわかりやすく feeling bad と言ってもよい。

0973 🔊0973

If there's anything you need, don't hesitate to ask.

必要なことがあったら、遠慮しないで何なりとおっしゃってください。

発音 hesitate to は hesitate の最後の te が次の to と一緒になって "ヘズィテイタ" と一語のように発音される。

表現 hesitate は「ためらう、遠慮する」。

0974 ◁)) 0974

It all depends on how you look at it.

ものは考えようだ。

発音 look at it は 3 語くっついて “ルカディッ〇”。

表現 直訳すると、「それは全部あなたがそれをどう見るかによって決まる」。

0975 ◁)) 0975

It is not a question of “if” but “when.”

「そうなるかどうか」の問題ではなく、「いつなるのか」の問題です。

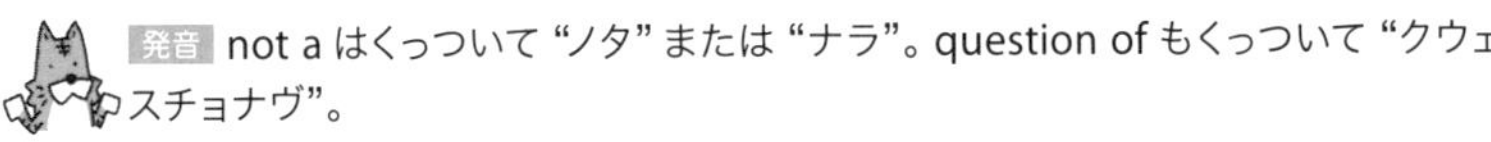

発音 not a はくっついて “ノタ” または “ナラ”。question of もくっついて “クウェスチョナヴ”。

表現 question の代わりに matter が使われることもある。

0976 ◁)) 0976

It’s okay with me if it’s okay with you.

君がいいのなら、私はかまわない。

発音 It’s okay はくっついて “イツォウケーィ”、if it’s okay もくっついて “イフィツォウケーィ”。

表現 okay は OK とも表記される。

0977 ◁)) 0977

Let me have your answer as soon as possible.

なるべく早くご返答をいただきたい。

発音 Let me は “レッ〇ミー”、have your はくっついて “ハヴョ”、as soon as もくっついて “アズスゥナズ”。

表現 「返事・返答」は、ここでは質問や要求に「答える」意味で answer が使われているが、それより少しフォーマルな感じで、考慮を払った上で「返事・返答する」意味合いの reply を使ってもよい。

0978

🔊 0978

Let's not go from one extreme to the other.

極端から極端にいくのはやめよう。

発音 one extreme はくっついて "ワネクスチュィーム"。other の前の the は "ディ(th)"。

表現 extreme は「極端なもの」。

0979

🔊 0979

Let's see if I can give you an example.

何か例を挙げましょう。

発音 if I はくっついて "イフ (f) ァィ"。give you an example は全てくっついて "ギヴュアニグザーンポ"(ギとザにリズムの山を置くと言いやすい)。

表現 直訳すると「例を挙げられるか考えてみましょう」。

0980

🔊 0980

You are acting as if you own the place.

我が物顔だな。

発音 as if はくっついて "アズィフ (f)"。

表現 直訳は「その場所を所有しているかのように振る舞っている」。

0981

🔊 0981

You took the words right out of my mouth.

今それを言おうとしたの。

発音 right out of はくっついて "らイダウダヴ"。

表現 take the words out of someone's mouth で「〜の言おうとする言葉[せりふ] を先に言う」。

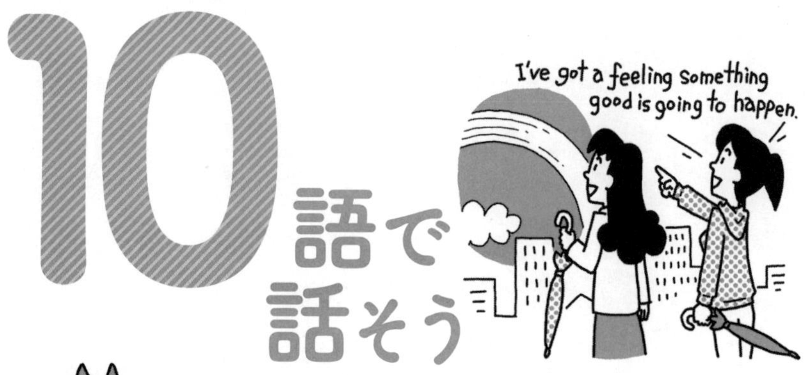

10語で話そう

いよいよラストのパートです。実際に表現を使う場面を思い浮かべて言ってみよう！

学習フレーズの例：I've got a feeling something good is going to happen.「何かいいことがありそうな気がします」/ This is the end of you and me being friends.「これで私たちの友情も終わりだ」

0982 ◁)) 0982

I am glad we have had this chance to talk.

このようにお話しできる機会がありましたことをうれしく思います。

発音 I am は軽く "アム"。glad, had, chance, talk にリズムの山を置いて。

表現 相手と話し合いの場を持てたことにかなり丁重に感謝する時の言葉。It is a pleasure we have ～ のように言えばさらに改まって言う感じになる。

0983 ◁)) 0983

I can't understand why you would do such a thing.

そんなことをしようという君の気が知れないよ。

発音 would do は would の d を飲み込んで "ウッ〇ドゥ"。such a はくっついて "サチャ"。

表現 such a thing は「そのようなこと」。

0984 　　　　🔈0984

I hope you can do something to help me out.

そこを何とかお願いしますよ。

発音 help の p は飲み込まれるので、help me は “ヘォッ〇ミー”。

表現 help out で「助ける、救い出す」。

0985 　　　　🔈0985

I'll let you know the rest of the story later.

話の続きは後でお知らせします。

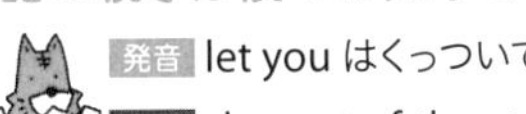

発音 let you はくっついて “レッチュ”。

表現 the rest of the story は「話の残り」なので、「話の続き」や「他の詳細」の意味で使われる。

0986 　　　　🔈0986

I'll never forget your kindness as long as I live.

ご恩は一生忘れません。

発音 forget your はくっついて “フォゲッチョ”。as long as I もくっついて “アズローンガザァイ”。

表現「一生」の部分は、for the rest of my life という表現もある。

0987 　　　　🔈0987

I'll treasure this moment for the rest of my life.

この感動は一生忘れません。

発音 rest of my は “れスタヴマイ” と流れるように発音する。rest の初めの r の音、続く life の初めの l の音に違いに注意する。

表現 treasure は名詞で「宝物、財宝」の意味で使われるが、ここは動詞で「大切[大事] にする、心に銘記する」。

0988 ◁)) 0988

I'm ashamed to have you witness such a disgraceful sight.

見苦しいところをお目にかけて、恥ずかしい次第です。

発音 such a はくっついて“サチャ”。disgraceful の最後の ful の l は軽く流して“フォ”。

表現 この have は「～させる」という使役動詞。witness の代わりに、observe や see を使っても良い。

0989 ◁)) 0989

I'm not sure that this is the right word, but ...

これが正しい言い方なのかわかりませんが…

発音 not の t、that の t、right の t は飲み込む。

表現 right word は「ぴったりした言葉、ちょうど適当な言葉」。

0990 ◁)) 0990

I've been beating my head against the wall for months.

もう何カ月も無駄骨を折り続けているよ。

発音 I've been は軽く“アイビン”でよい。against the は“アゲインスッダ（th）”、months は“マンツ”と発音する。

表現 beat one's head against the wall で「無駄なことをする」。

0991 ◁)) 0991

I've got a feeling something good is going to happen.

何かいいことがありそうな気がします。

発音 got a はくっついて“ガダ”。going to の to は弱く速く“ゴゥインタ”もしくはくだけると“ゴナ”になる。

表現 I've got a feeling ～ は「～な気がする」という時の表現。

0992 🔊 0992

If you have any questions, please feel free to ask.

不明な点があれば、何でも聞いてください。

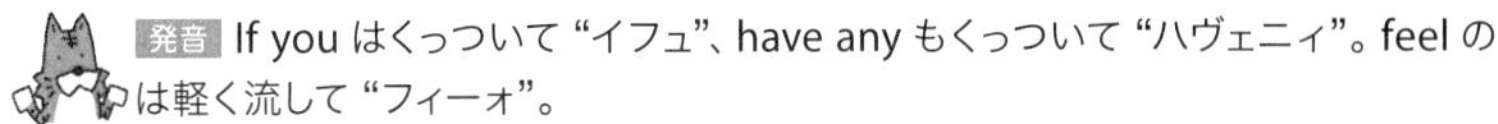

発音 If you はくっついて “イフュ”、have any もくっついて “ハヴェニィ”。feel の l は軽く流して “フィーォ”。

表現 feel free to で「自由に〜する、遠慮なく〜する」。

0993 🔊 0993

Never put off until tomorrow what you can do today.

今日できることを明日に延ばしちゃだめだよ。

発音 put off はくっついて “プドフ (f)”。until は語尾を流して “アンティォ”。

表現 put off はいろいろな意味があるが、ここでは「延期する、延ばし延ばしにする、遅らせる」。

0994 🔊 0994

Please forgive me for what I have done so far.

これまでに私がしてきたことをどうかお許しください。

発音 what I have はくっついて “ワライヴ”。

表現 so far は「これまでに」。

0995 🔊 0995

Stop beating around the bush and get to the point.

遠回しに言わないで、はっきり言ってください。

発音 Stop の p を飲み込み、beating around をくっつけ、around の d を飲み込むので Stop beating around the は “スタッ〇ビーティンガらウンッダ (th)”。

表現 beat around the bush は「(獲物を追い出すため) やぶの周りをたたく」から「遠回しに探る、遠回しに言う」という意味になる。

0996 ◁)) 0996

Thank you very much for waiting such a long time.

長い間お待ちいただきありがとうございます。

発音 such a はくっついて、"サチャ"。

表現 such は「そのような、とても〜な」。

0997 ◁)) 0997

This is one of the happiest events of my life.

こんなめでたいことはない。

発音 one of はくっついて "ワナヴ (v)"。events of もくっついて "イヴェーンツォヴ (v)"。

表現 events の代わりに occasions が使われることもある。

0998 ◁)) 0998

This is the end of you and me being friends.

これで私たちの友情も終わりだ。

発音 This is the end of は This is も end of もくっついて "ディ(th) スィズディ(th) エンダヴ (v)"。you and me は you と and がくっついて "ユウェンミィ"。

表現 Our friendship is over. も同様。

0999 ◁)) 0999

You are the last person I'd like to talk to.

あなたとだけは絶対に話したくありません。

発音 last の t と talk の k は飲み込んで、last, person, talk にリズムの山を置いて。

表現 「話したい人を順番に並べていくとあなたが最後になる」ということ。悪い意味なので注意。

1000 ◁)) 1000

You shouldn't say such a thing, even as a joke.

たとえ冗談でも、そんなことを言ってはいけません。

発音 such a はくっつき “サチャ”。shouldn't や joke の t や k は飲み込む。even as a はくっついて “イーヴナザ”。

表現 such a thing の代わりに something like that や things like that も使われる。

著者紹介

阿部 一（あべ・はじめ）

英語総合研究所（英総研）所長。応用言語学者。元・獨協大学外国語学部、同大学院教授。元・NHK ラジオ「基礎英語 3」講師。応用言語学の最新理論に基づいた ERI（現在は、version 5）とよばれるマルチメディア・コーパスの構築や研修プログラム DEEP - CITE（DC）を独自に開発し、官庁や企業、学校（小、中、高、大）を対象に英語学習プログラムやコーパスの開発支援や英語の集中研修を行っている。英語辞書の編纂や高校英語検定教科書の編者も務めている。著書は『ちゃんと伝わる英語が身につく 101 動詞』（ダイヤモンド社）、『究極の英語「音トレ」』（コスモピア）、『ダイナミック英文法』（研究社）など多数。

編集：飯塚 香・山田広之
装丁・デザイン：清水 裕久（Pesco Paint）
イラスト：島津 敦（Pesco Paint）
録音・音声編集：ELEC 録音スタジオ
ナレーター：Howard Colefield、Jennifer Okano

英会話 1 語でスタートゴールは 10 語

発行　2023 年 8 月 10 日　第 1 版第 1 刷

著者　阿部 一
発行者　山内 哲夫
発行　テイエス企画株式会社
〒 169-0075　東京都新宿区高田馬場 1-30-5 千寿ビル 6F
E-mail　books@tseminar.co.jp
URL　https://www.tofl.jp/books/
印刷・製本　図書印刷株式会社

ISBN 978-4-88784-266-3 Printed in Japan
乱丁・落丁は弊社にてお取り替えいたします。